지저스 콜링
우리 집 가정예배

JESUS CALLING® FAMILY DEVOTIONAL
by Sarah Young

Copyright ⓒ 2017 by Sarah Young
Originally published in English as *Jesus Calling® Family Devotional*
by Thomas Nelson, Nashville, TN, USA.

All rights reserved.

Published by arrangement with Thomas Nelson, a division of HarperCollins
Christian Publishing, Inc. through rMaeng2, Seoul, Republic of Korea.

This Korean translation edition ⓒ 2019 by Word of Life Press, Seoul, Republic of Korea

이 한국어판의 저작권은 알맹2 에이전시를 통하여
Thomas Nelson사와 독점 계약한 생명의말씀사에 있습니다.
신저작권법에 의하여 한국 내에서 보호받는 저작물이므로
무단 전재와 무단 복제를 금합니다.

지저스 콜링
우리 집 가정예배

ⓒ 생명의말씀사 2019

2019년 12월 27일 1판 1쇄 발행

펴낸이 | 김재권
펴낸곳 | 생명의말씀사

등록 | 1962. 1. 10. No.300-1962-1
주소 | 서울시 종로구 경희궁1길 5-9(03176)
전화 | 02)738-6555(본사) · 02)3159-7979(영업)
팩스 | 02)739-3824(본사) · 080-022-8585(영업)

기획편집 | 구자섭, 정설아
디자인 | 조현진
인쇄 | 영진문원
제본 | 정문바인텍

ISBN 978-89-04-16695-4 (03230)

저작권자의 허락 없이 이 책의 일부 또는 전체를
무단 복제, 전재, 발췌하면 저작권법에 의해 처벌을 받습니다.

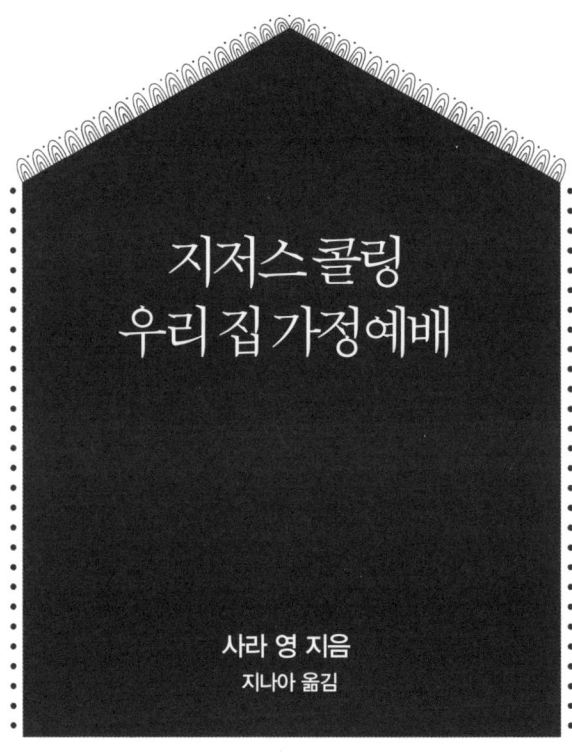

지저스 콜링
우리 집 가정예배

사라 영 지음
지나아 옮김

생명의말씀사

• 들어가는 글 •

안녕하세요, 가족 여러분!

우리는 기도와 말씀 읽기를 통해 예수님을 알아 갑니다. 중요한 것은 예수님이 우리를 얼마나 사랑하시는지 이해하고, 늘 함께하는 친구처럼 그분을 충분히 누리는 일입니다.

이 책에 나오는 글들은 예수님이 우리에게 직접 말씀하시는 형식으로 쓰였습니다. 그러므로 "나", "나의", "나의 것"이라는 표현들은 언제나 예수님에 관한 것입니다. 저는 예수님이 항상 여러분과 함께하신다는 것을 알 수 있도록 돕기 위해 이런 형식으로 글을 썼습니다. 예수님은 우리에 대해 모든 것을 알고 계시고, 우리가 상상할 수 있는 것보다 우리를 훨씬 더 사랑하십니다.

이 책에는 『지저스 콜링』의 묵상 글과 그에 해당하는 『Jesus Calling: 365 Devotions for Kids(지저스 콜링: 365일 어린이 묵상집)』의 글이 함께 실려 있습니다. 부모님과 자녀가 각자의 묵상 글을 따로 또는 같이 읽은 다음, 함께 모여 성경을 소리 내어 읽고 그날의 내용을 더 깊이 들여다볼 수 있습니다. 성경은 유일하신 하나님의 완전한 말씀입니다. 이 책에는 그날그날의 내용에 해당하는 다양한 성경 구절이 수록되어 있습니다. '함께 이야기해요' 부분은 구원자이신 예수님과 더욱 친밀해질 수 있도록 돕는 질문입니다. 예수님은 우리가 그분의 임재 안에서 시간을 보낼 때, 늘 함께해 주시는 분입니다.

예수님은 우리를 너무나 사랑하셔서 우리의 죄에 대한 벌을 대신 받기 위해 십자가에서 돌아가셨습니다. 지금까지 예수님께 모든 죄를 용서해 주시고, 구원자가 되어 달라고 요청한 적이 없다면, 곧 그렇게 하기를 바랍니다. 그것은 여러분의 인생에서 가장 중요한 결정이 될 것입니다! 예수님이 여러분의 구원자가 되시면, 성경의 모든 약속이 여러분을 위한 것이 됩니다.

조용한 장소를 찾아서 매일 이 책에 나오는 묵상 글을 천천히 읽어 나가길 바랍니다. 예수님은 우리와 함께하는 하나님이심을 꼭 기억하십시오. 예수님과 함께 시간을 보내면서 그분의 임재와 평안을 누리길 기도하겠습니다.

아낌없이 주시는 은혜 안에서,
사라 영

너희가 온 마음으로 나를 구하면
나를 찾을 것이요 나를 만나리라

(예레미야 29:13)

부모를 위한 지저스 콜링 1

새로워진 마음

나는 네 마음을 새롭게 하고 있다. 생각을 그냥 내버려 두면 자연스럽게 문제에 집중하는 경향이 있다. 눈앞에 벌어진 문제를 맴돌면서 어떻게든 풀어 보려다가 생각의 초점이 흐려지지. 이렇게 문제에만 집중하느라 다른 일을 생각할 에너지가 바닥나고 만다. 무엇보다 안 좋은 일은 네가 나를 보지 못하게 되는 거다.

새로워진 마음은 내 임재에 초점을 둔다. 매 순간 어떤 상황에서든 나를 구하도록 네 마음을 훈련해라. 때로는 주변의 경쾌한 새소리, 사랑하는 사람의 미소, 황금빛 햇살 속에서도 나를 발견하게 될 것이다. 한편 나를 찾기 위해 내면으로 들어가야 할 때도 있을 것이다. 나는 네 영혼과 늘 함께 있다. 내 얼굴을 구하고 내게 이야기하렴. 내가 너의 마음을 환하게 밝혀 줄 테니 말이다.

함께 읽어요

너희는 이 세대를 본받지 말고 오직 마음을 새롭게 함으로 변화를 받아 하나님의 선하시고 기뻐하시고 온전하신 뜻이 무엇인지 분별하도록 하라(로마서 12:2).

더 읽어 보세요 히브리서 3:1; 시편 105:4

자녀를 위한 지저스 콜링 1

새롭게 생각하기

너에게 새롭게 생각하는 법을 알려 주고 싶구나. 생각을 그냥 내버려 두면 문제에 집중하게 된단다. 문제를 풀어 보려고 애쓰다가 마음이 이리저리 어지러워지지. 그건 시간과 에너지를 낭비하는 일이야. 가장 안 좋은 일은 네 마음이 문제로 가득 차서 나를 보지 못하게 되는 거란다.

네가 있는 곳 어디서나 나를 찾을 수 있도록 마음을 훈련하렴. 네 마음이 나로 가득 차서 문제를 보지 못했으면 좋겠구나. 나는 네 주변 어디에나 있단다. 노래하는 새, 친구의 미소, 구름 사이로 비치는 햇살 속에서 내가 보이니? 네가 다니는 길에 내가 그것들을 하나씩 보낸단다. 안전하고 평안한 기분이 느껴지니? 그것도 내가 주는 거란다. 나는 언제나 너를 생각하고 있어. 그러니 너도 나를 생각하렴.

함께 이야기해요

고민에 빠져서 꼼짝 못 했던 적이 있나요? 어떻게 하면 마음을 훈련해서 문제를 생각하지 않고 예수님을 떠올릴 수 있을까요? 고민거리 대신 어떤 것을 생각하면 될까요?

부모를 위한 지저스 콜링 2

감사하는 태도

감사하는 태도는 천국의 창문을 열리게 한단다. 영적인 복이 영원을 향해 열린 그 창문을 통해 너에게 아낌없이 떨어지지. 게다가 감사하는 마음으로 위를 바라보면 그 창문을 통해 보이는 영광을 살짝 경험할 수 있단다. 아직 천국에 살지는 않지만 궁극적인 본향의 맛을 미리 볼 수는 있다. 이렇게 천국을 미리 맛보면 소망이 되살아나지. 감사로 인해 이런 경험을 하기 시작하면 감사할 이유가 점점 더 많아진다. 그래서 네가 가는 길은 위로 올라가는 나선형이 되어 기쁨도 점점 커진단다.

감사는 어떤 마법 공식이 아니라, 네가 나와 친밀히 소통할 수 있게 해주는 사랑의 언어란다. 감사하는 마음을 갖는다는 것은 현실의 다양한 문제를 부정하는 것이 아니다. 오히려 고난과 시련의 한가운데서도 네 구원자인 내 안에서 기뻐하는 거란다. 나는 너의 피난처, 너의 힘이며, 고난 중에 언제나 네 곁에 있는 든든한 도움이다.

함께 읽어요

비록 무화과나무가 무성하지 못하며 포도나무에 열매가 없으며 감람나무에 소출이 없으며 밭에 먹을 것이 없으며 우리에 양이 없으며 외양간에 소가 없을지라도 나는 여호와로 말미암아 즐거워하며 나의 구원의 하나님으로 말미암아 기뻐하리로다(하박국 3:17-18).

더 읽어 보세요 에베소서 1:3; 시편 46:1

자녀를 위한 지저스 콜링 2

천국의 창문

감사하는 마음으로 나에게 오면 그 마음이 천국의 창문을 열리게 한단다. 영적인 복이 그 창문을 통해 아낌없이 떨어져 내려 네 삶으로 들어가게 되지. 감사하는 마음이 이렇게 복된 삶을 열어 주면 감사할 이유가 더 많아진단다.

감사는 많은 복을 가져오지만 어떤 마법 공식이 아니야. 감사를 표현하는 말들은 진실한 사랑의 언어로 네가 나에게 가까이 다가오는 데 도움을 준단다. 나에게 감사하다고 말하면 그 말이 너와 나의 마음을 사랑으로 연결해 주지. 핸드폰을 통해 다른 사람과 연결되어 통화하는 것처럼 사랑과 감사의 마음을 통해 너와 내가 연결되어 서로 이야기할 수 있게 된단다.

감사하며 산다는 건 이 세상에서 일어나는 많은 문제를 보지 않는 게 아니야. 오히려 엉망이 된 세상 한가운데서도 네 구원자인 내 안에서 기쁨을 찾는 거지. 나는 네가 숨을 곳이며, 너의 힘이란다. 언제나 너를 도울 준비가 되어 있어!

함께 이야기해요

감사한 일 5개를 말해 볼 수 있나요? 10개요? 20개도 말할 수 있나요? 감사하는 마음으로 살면 하나님과 더 가까워지는 기분이 드나요? 왜 그런 것 같나요?

부모를 위한 지저스 콜링 3

내 임재 안에서 쉬어라

재충전이 필요하면 내 임재 안에서 쉬어라. 쉰다고 해서 흔히 생각하듯 게으른 건 아니다. 나와 함께 여유를 누리는 일은 나에 대한 신뢰를 보여 주는 거란다. 신뢰는 삶의 의미와 방향을 가득 담고 있는 함축적인 말이다. 나에게 기대어 나를 신뢰하고, 나에 대한 전적인 확신을 가지렴. 나에게 힘이 되어 달라고 기댈 때 네 그 믿음과 확신이 나를 기쁘게 한단다.

많은 사람이 힘들고 지치면 나를 외면한다. 그런 사람들은 나를 의무나 근면 성실함과 연결 지어 생각하기 때문에, 일하다 쉼이 필요할 때는 내 임재에서 벗어나 숨으려고 하지. 이런 모습이 너무 슬프구나! 선지자 이사야를 통해 말한 것처럼 돌이켜 조용히 있어야 구원을 얻을 것이요, 잠잠하고 신뢰하여야 힘을 얻게 될 거란다.

함께 읽어요

주 여호와 이스라엘의 거룩하신 이가 이같이 말씀하시되 너희가 돌이켜 조용히 있어야 구원을 얻을 것이요 잠잠하고 신뢰하여야 힘을 얻을 것이거늘 너희가 원하지 아니하고(이사야 30:15).

더 읽어 보세요 시편 91:1; 잠언 3:5

자녀를 위한 지저스 콜링 3

내 안에서 재충전해라

피곤하고 지칠 때는 나에게 오렴. 그냥 잠깐 휴식이 필요할 때도 나에게 오거라. 나를 생각하면서 내 안에서 쉬렴. 쉼도 내가 주는 선물이란다. 쉼이란 그냥 가만히 있는 게 아니야. 게으름을 피우는 것도 아니지. 내 안에서 쉬는 일은 힘을 쭉 빼고 나에게 기댈 수 있을 만큼 나를 신뢰한다는 걸 보여 준단다.

피곤하면 나를 피해 도망가는 사람들이 있어. 그런 사람들은 나와 함께 시간을 보내는 것을 더 많은 책임을 맡는 일이라고 생각하지. 그래서 나에게서 숨는 거야. 사실 진정으로 재충전할 수 있는 곳은 나뿐인데 말이야. 핸드폰이나 게임기의 배터리가 닳게 되면 충전기에 연결하지? 충전이 다 될 때까지 가만히 기다리면 얼마 후에 다시 사용할 준비가 될 거야. 너도 배터리가 다 닳은 것처럼 피곤해지면 나를 마치 충전기와 같다고 생각하고 내 안에서 쉬렴. 새 힘을 너에게 주겠다.

함께 이야기해요

배터리가 닳은 것처럼 지칠 때는 어떻게 하나요? 다시 충전하려면 어떻게 하나요? 예수님 안에서 쉬어 본 적이 있나요? 잠을 자는 것과 예수님 안에서 쉬는 것은 어떻게 다를까요?

부모를 위한 지저스 콜링 4

나를 위해 고난을 받는 것

나를 위해 내 이름으로 고난받을 준비를 해라. 내 나라에서는 모든 고난이 의미가 있다. 고통과 문제는 나를 향한 네 신뢰를 드러낼 기회다. 네가 처한 상황을 의연하게 견디고, 심지어 그로 인해 내게 감사하면 최고의 찬양을 올리는 셈이다. 이 감사의 제사는 천국 곳곳에 황금빛 기쁨의 종을 울린단다. 이 땅에서도 마찬가지다. 네가 인내하며 겪고 있는 고난이 복음의 기쁜 소식이 되어 점점 더 큰 원을 그리며 잔잔하게 퍼진다.

고난이 닥쳐오면 내가 통치하며, 모든 것에서 선을 끌어내는 자임을 기억하렴. 고통에서 도망치려 하거나 문제에서 숨으려 하지 마라. 대신 고난을 내 이름으로 받아들이면서 내 뜻을 위해 내게 바치렴. 그러면 네 고통은 의미를 얻고, 너를 내게 가까이 이끈단다. 고난의 재를 뒤집어쓴 네가 신뢰하고 감사할 때 기쁨이 온다.

함께 읽어요

내 형제들아 너희가 여러 가지 시험을 당하거든 온전히 기쁘게 여기라 이는 너희 믿음의 시련이 인내를 만들어 내는 줄 너희가 앎이라 인내를 온전히 이루라 이는 너희로 온전하고 구비하여 조금도 부족함이 없게 하려 함이라(야고보서 1:2-4).

더 읽어 보세요 시편 107:21-22; 시편 33:21

자녀를 위한 지저스 콜링 4

힘내!

"힘내!" "흔들리지 마!" "조금만 더 견뎌!" 스포츠 경기를 볼 때 사람들이 이런 말 많이 하지? 하지만 네 삶에 대해서 그런 이야기를 하면 그렇게 좋게 들리지 않을 때도 있을 거야. 그래도 그게 네가 해야 할 일이란다. 힘을 내서 흔들리지 않고 끝까지 견뎌야 해.

세상을 살다 보면 어려움을 만나게 될 거야. 너의 적인 악마는 여러 가지 문제를 겪게 할 거야. 학교와 집에서도, 친구들과의 관계에서도 문제를 겪게 하고, 두려움, 외로움, 의심과 같은 감정도 들게 할 거란다. 이런 문제가 생길 것을 예상해 두고 꿋꿋하게 서 있어야 해. 그리고 악한 자가 공격하면 감사하렴.

그래, 맞아. 감사하는 거야! 모든 일에서 선한 것을 끌어내는 내게 감사하렴. 네 인생에서 나의 능력을 볼 기회를 준 것을 찬양하렴. 그리고 나를 예배해라. 나는 항상 목적이 있으며, 악마가 달려들지 못하게 하는 하나님이란다. 그러니 내게 감사하렴. 모든 어려움을 용감하게 견디면 영적인 힘을 얻게 될 거야.

함께 이야기해요

일이 잘못될 때도 감사하는 것이 이상하게 보이나요? 지금까지 어떤 어려움을 겪었는지 떠올려 보세요. 그 문제의 모든 과정에 예수님이 함께하셨다는 것을 아나요?

부모를 위한 지저스 콜링 5

나의 빛이 너를 감싸면

　죄의 무게가 너를 무겁게 짓누르면 내게로 와라. 너의 잘못을 고백해라. 네가 말 한마디 하지 않아도 나는 그 잘못에 대해 전부 알고 있단다. 내 임재의 빛 가운데 머물면서 용서와 죄 씻음, 치유를 받아라. 너를 내 의로움으로 덧입혔기에, 그 무엇도 우리 사이를 갈라놓을 수 없단다. 네가 비틀거리거나 넘어질 때마다 내가 그곳에서 너를 도와 일으켜 주겠다.

　인간은 어둠 속에서 피난처를 찾으며 자신의 죄를 숨기려는 경향이 있다. 거기에서 자기 연민, 부인, 자기 의, 비난과 증오에 빠져들지. 그러나 나는 세상의 빛이며, 내 환한 빛은 어둠을 완전히 몰아낸다. 내게 가까이 와라. 내 빛이 너를 감싸면 어둠은 사라지고 평안이 깃든단다.

함께 읽어요

그가 빛 가운데 계신 것같이 우리도 빛 가운데 행하면 우리가 서로 사귐이 있고 그 아들 예수의 피가 우리를 모든 죄에서 깨끗하게 하실 것이요(요한일서 1:7).

더 읽어 보세요 이사야 61:10; 요한복음 8:12

자녀를 위한 지저스 콜링 5

나의 빛 속에서 살아라

죄를 품고 있는 것은 바위로 가득 찬 배낭을 메고 다니는 것과 같단다. 수치심, 죄책감, 자기 연민, 질투, 심지어 증오라고 부르는 바위들이지. 시간이 갈수록 네 짐은 점점 더 무거워지면서 너를 끌어내릴 거야.

그것을 전부 다 내게 가져오렴. 나에게 네 죄를 이야기하고, 그 배낭을 넘기렴. 그 무거운 바위들을 다 갖다 버리고 싶구나. 그리고 사랑, 자비, 용서, 기쁨, 평화로 너의 배낭을 다시 채우고 싶다. 이것들은 너를 짓누르는 게 아니라 너를 일으켜 인생 여정을 편하게 해줄 거야.

나에게 네 죄를 가져오는 것을 부끄럽게 생각하지 마라. 나는 이미 그 죄를 다 알고 있고, 그저 너를 용서해 주려고 기다리고 있단다. 네 죄에 대한 벌을 대신 받으려고 내가 십자가에서 죽은 거란다. 어두운 죄 가운데 살지 말고, 내 용서의 빛 속에서 살아가렴.

함께 이야기해요

죄가 무거운 바위 같은 거라고 생각해 보세요. 지금 품고 있는 바위는 어떤 것들이 있나요? 그런 죄들은 왜 무겁게 느껴질까요? 그것들을 없애는 데 기도가 어떻게 도움을 줄 수 있을까요? 예수님이 배낭에 바위 대신 무엇을 채워 주시길 원하나요?

부모를 위한 지저스 콜링 6

나를 의지해라

나를 의지하며 사는 인생은 영광스러운 모험이다. 사람들은 대부분 자신의 힘과 능력으로 일을 성취하려 애쓰며 분주하게 돌아다닌다. 크게 성공하는 사람도 있고, 비참하게 실패하는 사람도 있지. 어느 쪽이든 인생의 참된 의미를 놓치고 있다. 나와 함께 살며 협력해서 일하는 것이 진정한 삶이란다.

계속해서 나를 의지하면 세상을 바라보는 관점이 다 바뀌어 사방에서 일어나는 기적을 보게 된다. 반면 나를 의지하지 않는 이들은 모든 것을 단지 자연 현상이나 우연의 일치로만 보게 되지. 기쁨 가득한 마음으로 내가 무엇을 할지 기대하면서 하루를 시작해라. 나에게 네 약함을 의탁하면 나의 능력과 즉시 연결된다. 그러니 네 약함을 내가 준 선물로 여겨라. 내 계획이 훨씬 더 뛰어남을 기억하고, 네 계획을 언제든 바꿀 수 있다고 생각해라. 의식적으로 살고 행동하고, 내 안에 머물면서 내가 네 안에 살기를 갈망해라. 내가 네 안에, 네가 내 안에 있다. 이것이 바로 너에게 주는 친밀한 모험이란다.

함께 읽어요

그날에는 내가 아버지 안에, 너희가 내 안에, 내가 너희 안에 있는 것을 너희가 알리라(요한복음 14:20).

더 읽어 보세요 고린도후서 12:9-10; 사도행전 17:28; 골로새서 2:6-7

자녀를 위한 지저스 콜링 6

나와 함께하는 모험

나를 의지하며 사는 삶은 멋진 모험이란다. 어른이든 아이든, 사람들은 대부분 자기 방식대로 일을 해내려고 허둥거리며 애쓴다. 크게 성공하는 사람도 있고, 비참하게 실패하는 사람도 있지. 어느 쪽이든 나와 함께 모험하는 삶을 놓치고 있단다.

네 삶을 내게 맡기렴. 너의 눈을 열어 세상에서 일하는 나를 보게 해주겠다. 다른 사람들은 우연으로만 보는 것에서 너는 내가 하는 위대한 일들을 보게 될 거야. 가끔은 기적도 만날 수 있지. 사람들이 매일 일어나는 일만을 바라볼 때, 너는 거기에서 나를 보게 될 거야.

내가 다음에는 무슨 일을 할지 그저 잘 지켜보면서 하루하루를 살아가렴. 네가 내 안에, 내가 네 안에 있단다. 나를 통해 진정한 삶이 어떤 건지 배우게 될 거야. 이것이 바로 너에게 주는 놀라운 모험이란다.

함께 이야기해요

위대한 모험을 하기 위해서는 인도자가 필요해요. 예수님이 여러분을 인도하시도록 허락하고 있나요? 우리 삶의 모험을 이끌 인도자가 예수님이시라는 것을 어떻게 확신할 수 있나요?

부모를 위한 지저스 콜링 7

평안의 길

나는 평강의 왕이다. 제자들에게 말했듯이 너에게도 말하지만, 평강이 있기를 바란다. 나는 영원히 너와 함께하는 친구이기에, 내 평안은 변함없이 너와 함께한단다. 계속해서 나에게 초점을 맞추면 나의 임재와 함께 내가 주는 평안을 경험할 수 있다. 만왕의 왕, 만주의 주요, 평강의 왕인 나를 예배해라.

삶에서 나의 목적을 이루기 위해서 매 순간 내가 주는 평안이 필요하단다. 때로 목표를 가능한 한 빨리 이루려고 지름길을 선택하고 싶은 유혹도 있을 것이다. 하지만 그 지름길을 가기 위해 내가 주는 평안한 임재에서 등을 돌려야 한다면, 차라리 더 먼 길을 택해야 한단다. 나와 함께 평안의 길을 걸으며, 내 임재 안에서 이 여행을 누려라.

함께 읽어요

이는 한 아기가 우리에게 났고 한 아들을 우리에게 주신 바 되었는데 그의 어깨에는 정사를 메었고 그의 이름은 기묘자라, 모사라, 전능하신 하나님이라, 영존하시는 아버지라, 평강의 왕이라 할 것임이라(이사야 9:6).

더 읽어 보세요 요한복음 20:19-21; 시편 25:4

자녀를 위한 지저스 콜링 7

평강의 왕

나는 이름이 아주 많단다. 훌륭한 상담자, 힘센 하나님, 변함없는 아버지, 평강의 왕, 만왕의 왕, 만주의 주 등이 있지. 아마 이 어지러운 세상에서 네게 가장 필요한 이름은 평강의 왕일 거야.

나는 네 곁을 절대 떠나지 않아. 그러니 내가 주는 평안이 항상 너와 함께 있단다. 삶에서 나의 계획을 이루기 위해서 매 순간 이 평안이 필요하지. 목표를 가능한 한 빨리 이루려고 지름길로 가고 싶을 때도 있을 거야. 하지만 그 지름길로 가느라 내가 주는 평안한 임재에서 등을 돌려야 한다면, 차라리 그 길을 가지 마라. 이 어지러운 세상 속에서도 나와 함께 평안의 길을 계속 걸어가자꾸나.

함께 이야기해요

예수님은 이름이 아주 많으세요. 평강의 왕도 그중 하나지요. 예수님과 함께 있으면 마음에 평안이 느껴지나요? 예수님과 어떻게 시간을 보내고 있나요?

부모를 위한 지저스 콜링 8

항상 나를 신뢰해라

삶의 더 많은 영역에서 나를 신뢰하려고 노력해라. 어떤 일로 불안을 겪고 있니? 그 일은 너를 성장시키는 기회란다. 이런 도전들에서 도망치기보다 그것들을 받아들이고, 내가 그 어려움 속에 숨겨 놓은 현재의 복을 간절히 기대하렴. 내가 삶의 모든 영역을 주관하고 있다는 것을 믿으면 어떤 상황에서도 나를 신뢰할 수 있단다. 현재의 상황을 후회하거나, 결국 일어나지 않은 일을 생각하느라 에너지를 낭비하지 말고, 현재의 순간에서 다시 시작해라. 모든 것을 있는 그대로 받아들이고 내가 마련해 놓은 길을 찾아라.

신뢰는 나와 함께 언덕을 오를 때 기댈 수 있는 지팡이다. 언제나 흔들림 없이 나를 신뢰한다면, 그 지팡이는 필요한 만큼의 무게를 지탱해 줄 것이다. 네 이해와 명철은 모두 버리고, 네 마음과 뜻을 다하여 나를 의지하고 신뢰해라.

함께 읽어요

너는 마음을 다하여 여호와를 신뢰하고 네 명철을 의지하지 말라 너는 범사에 그를 인정하라 그리하면 네 길을 지도하시리라(잠언 3:5-6).

더 읽어 보세요 시편 52:8

자녀를 위한 지저스 콜링 8

숨겨진 복

모든 상황에서 나를 신뢰하는 법을 배워라. 힘든 상황은 물론이고, 쉬운 상황에서도 마찬가지야. 무슨 일이 일어나고 있는지 이해가 되지 않을 때도 나를 신뢰하렴. 모든 일이 걷잡을 수 없이 돌아가는 것처럼 보일 때도 나를 신뢰해라. 혼자라고 느껴지거나, 아무도 너를 이해해 주지 못할 때도 나를 신뢰하렴. 나는 너를 이해한단다.

이미 지난 일을 후회하느라 시간을 낭비하거나 도망치려 하지 마라. 지금 이 순간부터 다시 시작하는 거야. 모든 것을 있는 그대로 받아들이고 내가 준비해 둔 길을 찾으렴. 내가 그 어려움 속에 숨겨둔 복과 기회를 찾는 법을 배워 가거라. 나를 신뢰하고 의지하렴. 나는 너를 사랑한단다. 결코 너를 실망하게 하지 않을 거야.

함께 이야기해요

신뢰는 정말 중요한 거예요. 누군가를 신뢰한다는 건 어떤 걸까요? 예수님을 신뢰한다는 건 무슨 뜻일까요? 예수님을 신뢰하는 것이 삶에서 어떻게 나타나고 있나요?

부모를 위한 지저스 콜링 9

토기장이와 진흙

나는 토기장이요, 너는 진흙이다. 나는 세상의 기초를 놓기 전에 너를 계획했다. 계획한 모습대로 너를 지어 가기 위해 매일 일어날 일들을 미리 준비해 두었지. 영원한 내 사랑이 네 삶의 모든 순간에 깃들어 있단다. 너와 내 뜻이 서로 순조롭게 통하는 날이 있다. 우리의 뜻이 조화를 이룰 때면 너는 무슨 일이든 잘할 것 같은 자신감으로 살게 된단다. 그런가 하면 물살을 거스르듯 내 목적을 거스르는 느낌이 드는 날도 있다. 이런 때는 멈춰 서서 나를 바라보렴. 네가 느끼는 반대는 내가 주는 마음이거나, 사탄에게서 온 것일 수도 있다.

네가 겪는 모든 일을 내게 이야기해 주렴. 나의 영이 너를 인도하여 위험한 물살을 지나게 할 것이다. 사나운 물살을 가르며 나와 함께 나아가는 동안, 모든 환경이 너를 내가 바라는 모습으로 빚어 갈 것이다. 오늘 하루를 살면서 너의 토기장이에게 순종해라.

함께 읽어요

그러나 여호와여, 이제 주는 우리 아버지시니이다 우리는 진흙이요 주는 토기장이시니 우리는 다 주의 손으로 지으신 것이니이다(이사야 64:8).

더 읽어 보세요 시편 27:8; 요한일서 5:5-6

나는 토기장이란다

진흙 한 덩이로 예술 작품을 만들어 내는 토기장이를 본 적 있니? 토기장이는 진흙으로 모양을 빚기 전에 무엇을 만들지 마음속에 계획을 세워 둔단다. 그릇을 만들 수도 있고, 꽃병이나 주전자를 만들 수도 있지. 토기장이는 앞으로 무엇을 만들지, 다 만들고 나서 그것을 어떻게 사용할지 정확히 다 알고 있어. 모든 세세한 부분이 사랑으로 만들어진단다.

너는 진흙이고, 나는 토기장이야. 나는 이 세상이 만들어지기 전에 너를 계획했단다. 너를 향한 하나님 나라의 계획도 세워 두었지. 너는 다른 사람들에게 용기를 주는 사람, 나의 말씀을 나누는 좋은 친구가 될 거야. 나는 네 삶의 모든 날과 모든 일을 사랑으로 빚는단다.

오늘 하루를 살면서 네가 겪는 모든 일을 내게 이야기해 주렴. 오늘의 모든 기쁨과 어려움이 너를 어떻게 만들어 가는지 보여 줄게. 너는 결국 내가 처음 계획했던 걸작으로 빚어질 거란다.

함께 이야기해요

토기장이가 진흙으로 모양을 빚는 장면을 생각해 보세요. 진흙을 부드럽게 다듬을 때도 있지만, 때로는 틀 속으로 세게 밀어서 자신이 원하는 모양으로 만들기도 하지요. 예수님은 여러분을 어떤 모양으로 만들고 계실까요?

부모를 위한 지저스 콜링 10

나는 네 곁에 있다

나는 네 곁에 있어 네가 내 얼굴을 구할 때 네 주위를 맴돈다. 숨 쉬는 공기보다 더 가까이, 네가 생각하는 이상으로 가까이 있단다. 만일 나의 임재를 깨닫는다면, 결코 외로움을 느끼지 않을 거다. 나는 네가 생각하기도 전에 네 모든 생각을, 말하기도 전에 네 모든 말을 다 안다. 내 존재가 너의 가장 깊은 곳까지 뚫고 들어간다. 그래서 나에게 뭔가를 감추려는 노력은 무의미하지. 너는 다른 사람들뿐 아니라 너 자신까지 쉽게 속일 수 있다. 그러나 나는 큰 활자로 인쇄된 책을 읽듯 너를 훤히 읽어 낸단다.

사람들은 보통 내면 깊은 곳에서 임박한 나의 임재를 어떤 식으로든 인지한다. 나에게서 도망가거나 내 존재를 부정하는 사람들도 많은데, 가까이 있는 내 존재가 두렵기 때문이지. 그러나 내 자녀는 두려워할 이유가 없다. 내 피로 그들을 깨끗하게 했고, 나의 의로움으로 옷 입혔기 때문이다. 나와 친밀하게 살면서 내가 주는 복을 누리렴. 네 삶을 통해 어둠 속에서도 내 빛을 비출 것이다.

함께 읽어요

여호와여 주께서 나를 살펴보셨으므로 나를 아시나이다 주께서 내가 앉고 일어섬을 아시고 멀리서도 나의 생각을 밝히 아시오며 나의 모든 길과 내가 눕는 것을 살펴보셨으므로 나의 모든 행위를 익히 아시오니 여호와여 내 혀의 말을 알지 못하시는 것이 하나도 없으시니이다(시편 139:1-4).

더 읽어 보세요 에베소서 2:13; 고린도후서 5:21

자녀를 위한 지저스 콜링 10

펼쳐진 책

나는 네 곁에 있단다. 네가 믿는 것보다 훨씬 더 가까이, 숨 쉬는 공기보다 가까이 있지. 나는 네가 생각하기도 전에 네 모든 생각을, 말하기도 전에 네 모든 말을 다 안단다. 그러니 나에게 뭔가를 숨기려는 건 정말 어리석은 일이야!

너는 부모님이나 선생님, 친구들은 속일 수 있을지 몰라도, 나는 절대 속일 수 없단다. 나는 펼쳐진 책을 읽듯 너를 훤히 읽을 수 있어. 너의 모든 비밀과 죄를 다 알지. 너를 무섭게 하거나, 죄책감을 주고 창피하게 하려고 이런 말을 하는 게 아니야. 다시는 사랑받지 못한다고 느끼거나, 외롭다고 느끼지 않게 하려는 거란다.

자, 내 말을 잘 들어 보렴. 나는 너에 대해 모든 것을 알며, 결코 너를 떠나지 않는단다. 그리고 너에 대한 사랑을 절대 멈추지 않는다. 너의 모든 죄를 내가 이미 다 지워 버렸기 때문에, 네가 이렇게 내 곁에 가까이 있을 수 있단다.

함께 이야기해요

예수님은 우리에 대해서 작은 일 하나하나까지 다 알고 계세요. 우리가 좋은 일을 했건, 나쁜 일을 했건 예수님은 그 어떤 일과 상관없이 우리를 사랑하세요. 그리고 그 사랑을 절대 멈추지 않으신답니다. 예수님이 우리를 사랑하신다는 걸 정말 믿나요?

부모를 위한 지저스 콜링 11

내 영에게 감사해라

내 영이라는 영광스러운 선물에 감사해라. 이것은 우물의 펌프에 마중물*을 붓는 행동과 같단다. 네가 어떤 감정을 느끼는지와 상관없이 감사의 제사를 내게 올릴 때, 나의 영은 네 안에서 더욱 자유롭게 일한다. 그렇게 되면 더 많은 감사와 자유가 샘솟아, 결국 감사가 넘쳐흐르게 된다.

날마다 너에게 복을 흠뻑 부어 주지만, 때로 너는 그 복을 깨닫지 못하는구나. 네 마음이 부정적인 초점에 막혀 있을 때는 너는 나도, 내 선물도 보지 못하지. 네 마음을 사로잡은 것이 무엇이든 간에 믿음으로 감사해라. 이 감사가 막힌 담을 허물어 나를 찾을 수 있게 한단다.

* 마중물 : 펌프질을 할 때 물을 끌어 올리기 위하여 위에서 붓는 물.

함께 읽어요

곧 이것을 우리에게 이루게 하시고 보증으로 성령을 우리에게 주신 이는 하나님이시니라(고린도후서 5:5).

더 읽어 보세요 시편 50:14; 고린도후서 3:17; 시편 95:2

자녀를 위한 지저스 콜링 11

성령이라는 선물

나는 날마다 너에게 복을 내려 준단다. 네가 눈치채지 못할 때도 그 복은 거기에 있지. 그중에서 가장 좋은 선물은 성령이라는 선물이란다. 성령님은 네 안에서 사시면서 너를 가르치고 인도해 주셔.

성령님은 마치 곱셈 기계 같은 분이야. 수학에서 5에 5를 더하면 10이 되지만, 5에 5를 곱하면 25, 즉 훨씬 더 큰 결과가 나오지? 성령님도 그와 비슷한 방법으로 일하신단다. 그분은 너의 믿음으로 곱셈을 하시는 분이야. 처음에는 조금 작은 믿음으로 나를 믿을 수도 있어. 하지만 성령님이 일하시면서 그것을 곱해 주시면 훨씬 큰 믿음으로 자라게 된단다.

성령이라는 선물을 주는 내게 꼭 감사하렴. 감사로 인해 성령님이 네 안에서 더욱 자유롭게 일하시면, 더 감사하고 기뻐하게 될 거야!

함께 이야기해요

하루하루가 복으로 가득해요. 하지만 이런 복이 보이지 않는 날도 있지요. 왜일까요? 성령님은 우리가 복을 볼 수 있도록 어떻게 도와주시나요?

부모를 위한 지저스 콜링 12

두려워하지 마라

나는 네 모든 존재의 중심이 되기를 원한다. 중심이 확고히 내게 있을 때, 나의 평안이 두려움과 걱정을 몰아내지. 한편 그 감정은 너를 떠나지 않고, 주변을 맴돌며 다시 들어올 기회만 노린다. 그러니 너는 항상 깨어 있어야 한단다.

온전히 신뢰하고 그럼에도 불구하고 감사해라. 그러면 두려움이 네 안에서 발판을 다지기 전에 쫓아낼 수 있다. 너를 향한 내 사랑에는 두려움이 없고, 그 사랑은 끊임없이 너를 비춘단다. 찬란히 빛나는 평안으로 너에게 복 주는 동안 내 사랑의 빛 안에 잠잠히 앉아라. 전 존재로 나를 신뢰하고 사랑해라.

함께 읽어요

사랑 안에 두려움이 없고 온전한 사랑이 두려움을 내쫓나니 두려움에는 형벌이 있음이라 두려워하는 자는 사랑 안에서 온전히 이루지 못하였느니라(요한일서 4:18).

더 읽어 보세요 데살로니가후서 3:16; 민수기 6:25-26

자녀를 위한 지저스 콜링 12

네가 두려워할 때

나는 네 삶의 중심이 되고 싶단다. 중심이 내게 있을 때, 나의 평안이 두려움과 걱정을 쫓아내지.

네가 앞으로 절대 두려워하지 않을 거란 말을 하는 게 아니야. 모든 사람이 때로 두려워한다는 걸 안단다. 내가 이야기하려는 건 혼자 두려움을 마주할 필요가 없다는 거야. 내가 항상 너와 함께 있으며, 내 힘이 언제나 너를 위해 준비되어 있단다. 나는 너를 절대 떠나지 않을 거야.

하지만 두려움은 교활하단다. 두려움에서 빠져나왔다고 생각되는 순간, 그 두려움이 뒤에서 슬며시 다가와 "너는 혼자야."라고 속삭일 거야. 그러니 내가 언제나 너와 함께 있다는 것을 기억하렴.

나의 임재에 감사하며 나를 신뢰해라. 이 감사와 신뢰가 두려움에서 너를 보호해 준단다. 나의 평안으로 너에게 복 주는 동안 내 사랑의 빛 안에서 시간을 보내렴.

함께 이야기해요

여러분을 가장 두렵게 하는 게 무엇인가요? 하나님은 모든 두려움보다 얼마나 더 크신 분인가요? 하나님은 여러분을 어떻게 보호해 주시나요?

부모를 위한 지저스 콜링 13

내게 귀 기울여라

내게 귀 기울이는 법을 배우되, 다른 사람들의 말을 듣는 동안에도 내 음성을 들어라. 다른 사람들이 너의 조언을 바라며 영혼을 열어 보일 때, 너는 거룩한 땅에 서 있는 거란다. 적절하게 반응하기 위해서는 내 영의 도움이 필요하다. 내 영이 너를 통해 생각하고, 너를 통해 살며, 너를 통해 사랑하도록 구해라. 나의 존재는 네 안에서 성령의 위격으로 산단다.

다른 사람들의 필요에 내 영의 도움을 받지 않고 네 생각대로 반응한다면, 그들에게 딱딱한 빵 부스러기를 주는 셈이다. 내 영이 주는 힘으로 듣고 말하면, 나의 생수의 강이 너를 통해 흘러 다른 사람들에게 넘치게 될 것이다. 다른 사람들의 이야기를 듣는 동안 내게 귀 기울임으로써 내 사랑과 기쁨, 그리고 평안의 통로가 되렴.

함께 읽어요

나를 믿는 자는 성경에 이름과 같이 그 배에서 생수의 강이 흘러나오리라 하시니 이는 그를 믿는 자들이 받을 성령을 가리켜 말씀하신 것이라 (예수께서 아직 영광을 받지 않으셨으므로 성령이 아직 그들에게 계시지 아니하시더라)(요한복음 7:38-39).

더 읽어 보세요 출애굽기 3:5; 고린도전서 6:19

자녀를 위한 지저스 콜링 13

다른 사람들의 말을 들을 때

내게 귀 기울이는 법을 배우되, 다른 사람들의 말을 듣는 동안에도 내 음성을 들으렴. 만약 어떤 친구가 너를 믿고 마음과 영혼, 그리고 괴로움을 다 쏟아 놓는다면, 너는 거룩한 땅에 서 있는 거란다. 친구에게 도움을 줄 성스러운 기회가 생기는 거지. 그런데 그 친구를 도와주면서 네 생각과 지혜만 사용한다면, 친구에게 딱딱한 빵 부스러기를 주는 것과 같단다.

그보다는 네 안에 살고 계신 성령님께 요청해 보렴. 너를 통해 생각하시고, 너를 통해 사시고, 너를 통해 사랑해 달라고 부탁드리는 거야. 무슨 말을 해야 할지도 여쭤보렴.

성령님은 나의 사랑과 기쁨, 평안이 가득한 생수의 강으로 너를 채우신단다. 네가 듣고 말하는 것을 그분께 다 맡기면, 그 생수의 강이 너를 통해 흘러 다른 사람들에게 넘치게 될 거야. 그러니 다른 사람들의 말을 듣는 동안에도 내게 귀 기울이렴. 너는 그들에게 복이 되며, 너도 복을 받을 거란다.

함께 이야기해요

여러분은 좋은 친구인가요? 문제가 생기면 친구들이 자신의 생각과 느낌을 여러분에게 이야기하나요? 도움이 필요한 친구에게 무슨 말을 해야 할지 모를 때 성령님은 우리를 어떻게 도와주실까요?

부모를 위한 지저스 콜링 14

내 빛나는 아름다움

거룩한 아름다움으로 나를 예배해라. 내 거룩한 존재를 분명히 말해 주기 위해 아름다움을 창조했단다. 기막히게 아름다운 장미, 잊히지 않을 만큼 영광스러운 저녁노을, 대양의 장대함, 이 모든 피조물은 온 세상에 나의 임재를 선포하기 위함이다. 사람들은 보통 이와 같은 피조물이 무엇을 선포하는지 두 번도 생각하지 않고 서둘러 지나가 버린다. 아름다움, 특히 여성적인 사랑스러움을 이용해 상품을 파는 사람들도 있지.

자연의 아름다움에 경외감을 느끼는 내 자녀가 얼마나 귀한지 모르겠구나. 이러한 태도는 마음을 열어 거룩한 내 임재를 향하게 한단다. 나를 인격적으로 만나기 전에도 너는 내가 지은 창조 세계에 경탄했지. 창조 세계는 선물이며, 그 선물에는 책임이 따른단다. 나의 영광스러운 존재를 세상에 선포해라. 내 빛나는 아름다움이, 내 영광이 온 땅에 충만하단다!

함께 읽어요

서로 불러 이르되 거룩하다 거룩하다 거룩하다 만군의 여호와여 그의 영광이 온 땅에 충만하도다 하더라(이사야 6:3).

더 읽어 보세요 시편 29:2; 사무엘상 2:2

자녀를 위한 지저스 콜링 14

아름다운 창조 세계

모든 창조 세계는 내가 하나님이라고 선포한단다. 창조물의 아름다움은 나의 영광을 분명히 말해 주지. 눈을 열고 네 주위의 아름다움을 바라보렴. 웅장한 산, 세찬 바다 물결, 작디작은 들꽃, 끝없이 이어지는 저녁노을을 바라보면, 내가 거룩한 하나님이라는 것을 알게 된단다.

내 임재를 보여 주는 이 흔적들을 두 번도 생각하지 않고 휙 지나가는 사람들이 너무 많단다. 나에 대한 것은 다 잊어버리고, 상품을 팔기 위해 그 아름다움만을 이용하는 사람들도 있지. 그러나 너는 눈을 열고 영광스러운 나의 창조 세계를 바라보았으면 좋겠구나. 이 멋진 아름다움에 끌려 나를 예배하게 될 거야.

기뻐하렴. 나는 이렇게 아름다운 세상을 만든 하나님이란다. 내가 만든 빛나는 창조 세계를 보여 주며, 다른 사람들에게 나에 대해 이야기하렴. 내 빛나는 아름다움이, 내 영광이 온 땅에 가득하단다!

함께 이야기해요

잠깐 시간을 내서 밖으로 나가 보세요. 주위를 둘러보며 하늘과 나무, 새들을 바라보세요. 하나님의 창조 세계가 그분에 대해 무엇을 말해 주나요? 하나님의 사랑과 보살핌에 대해서는 뭐라고 말해 주나요?

부모를 위한 지저스 콜링 15

내가 주는 풍성한 복

지금이 네 삶에서 가장 충만한 때란다. 네 잔이 복으로 넘치는구나. 오랜 시간 무거운 발걸음으로 오르막을 힘겹게 걷던 네가, 이제 따뜻한 햇볕이 쏟아지는 푸른 초원을 느릿하게 거닐고 있다. 이 순간을 마음껏 누리면서 편안하게 원기를 회복했으면 좋겠구나. 너에게 이 복을 주는 일이 내게는 기쁨이란다.

때로 내 자녀들은 내가 주는 좋은 선물을 주는 대로 받지 못하고 주저한다. 잘못된 죄책감이 끼어들어 그렇게 풍성한 복을 받을 자격이 없다고 속삭인다는 걸 안다. 이건 말도 안 되는 생각이란다. 내 왕국은 노력해서 얻어 내거나 자격을 갖추어 들어가는 곳이 아니다. 다만 믿어서 받을 뿐이다.

내 자녀가 망설이며 내 선물을 받지 않으면 마음이 몹시 아파진다. 내가 주는 풍성한 복을 감사하는 마음으로 받으렴. 주면서 누리는 나의 기쁨과 네가 누리는 받는 기쁨은 서로 기쁨의 화음을 이루며 흐른단다.

함께 읽어요

주께서 내 원수의 목전에서 내게 상을 차려 주시고 기름을 내 머리에 부으셨으니 내 잔이 넘치나이다(시편 23:5).

더 읽어 보세요 요한복음 3:16; 누가복음 11:9-10; 로마서 8:32

자녀를 위한 지저스 콜링 15

감사하는 마음으로 복을 받아라

지금이 네 삶에서 가장 풍요로운 때란다. 네 잔이 복으로 넘치고 있지. 이 순간을 마음껏 누리렴. 다 내가 주는 선물이란다.

모든 일이 잘 돌아간다고 죄책감을 가질 필요는 없다. 그렇게 많은 복을 받을 자격이 없다고 생각하면서 내가 주는 복에서 돌아서지 마라. 이건 말도 안 되는 생각이야. 내 왕국은 노력해서 복을 얻는 곳이 아니란다. 나와 함께하는 삶은 상품을 얻기 위해 점수를 따야 하는 게임이 아니야. 착한 행동으로도 복을 얻을 수 없단다.

내가 주는 복을 얻기 위해 애써 일하는 대신 그저 감사하는 마음으로 받았으면 좋겠구나. 네가 기뻐하는 모습이 보고 싶어서 좋은 선물을 주는 거란다. 마음을 열고 두 손을 벌려 내가 주는 복을 감사하게 받으렴. 이것은 너와 나 모두에게 기쁨을 가져다준단다!

함께 이야기해요

하나님이 주신 복 중에서 가장 좋은 것은 어떤 것들이 있나요? 좋은 일만 생기는 것이 복일까요? 우리 삶에 수많은 복을 주신 하나님을 늘 기억하고 감사드리려면 어떻게 해야 할까요?

부모를 위한 지저스 콜링 16

너는 새로운 피조물이다

 나는 언제나 너를 비추는 부활의 주님이다. 사람이 만든 맹목적인 우상이 아닌 살아계신 하나님께 예배해라. 내가 네 삶의 더 많은 영역으로 들어가 충만해질수록 너와 나의 관계는 생명력이 넘치고 도전적으로 바뀌게 된다. 변화를 두려워하지 마라. 내가 너를 새로운 피조물로 빚어, 이전 것이 지나가고 새것을 나타내기 때문이다. 예전 방식에 매달려 똑같이 살면, 네 안에서 일하는 나를 반대하며 밀어내는 것이다. 내가 삶에 행하는 모든 일을 네가 기꺼이 받아들이기를, 그리고 오직 내 안에서만 안전함을 누리기를 원한다.

 삶 주변에 경계를 쳐두고 그 안에서 안정감을 찾으면서 일상을 우상으로 만들기는 쉽단다. 하루는 24시간이지만, 매일매일의 24시간은 그날만의 독특한 상황들을 보여 준다. 오늘을 어제라는 틀에 억지로 끼워 맞추려 하지 마라. 대신 눈을 열어 달라고 기도함으로 귀한 하루인 오늘, 내가 너를 위해 준비한 모든 일을 발견하렴.

함께 읽어요

그런즉 누구든지 그리스도 안에 있으면 새로운 피조물이라 이전 것은 지나갔으니 보라 새것이 되었도다(고린도후서 5:17).

더 읽어 보세요 마태복음 28:5-7

자녀를 위한 지저스 콜링 16

새로운 너

나는 이 땅에 와서 십자가에 못 박혔고, 무덤에서 다시 살아났단다. 그래서 너도 새롭게 만들 수 있게 되었지. '새로운 너'는 지루한 일상에 갇혀 사는 사람이 아니란다. 다른 사람들이 어떻게 생각할지 눈치 보며 걱정하지 않고, 새로운 시도를 두려워하지도 않지.

네가 모험과 도전이 가득한 신나는 삶을 살았으면 좋겠구나. 나는 너를 향해 많은 계획을 가지고 있단다. 네가 내 왕국을 위해 멋진 일들을 했으면 좋겠구나. 그러려면 먼저 너의 예전 삶을 내가 다스리도록 맡겨 주어야 한단다. 오래된 걱정과 갈등, 유혹과 죄를 내가 다 가져가겠다. 내가 그것들을 다 갖다 버리면 네 삶에서 일할 수 있게 된단다.

변화가 두려울 수도 있을 거야. 하지만 나를 신뢰하렴. 네 인생의 오늘, 그리고 매일매일에 대한 멋진 계획이 나에게 있단다.

함께 이야기해요

여러분의 '새로운 나'는 '예전의 나'와 어떻게 다른가요? 예수님께 가져다드려야 할 오래된 걱정과 갈등, 유혹, 죄는 없나요? 예전의 삶에서 이런 것들을 치워 주시고, 예수님 안에서 새로운 삶을 살게 해달라고 기도드리세요.

부모를 위한 지저스 콜링 17

믿음의 방패

행복한 삶을 위해서는 나와 단둘이 보내는 시간이 꼭 필요하단다. 호사도 아니며 선택 사항도 아닌 정말 중요한 일이지. 그러니 나와 시간을 보내는 일에 죄책감을 갖지 마라. 믿는 자들을 비난하는 참소자 사탄을 기억해라. 그는 너에게 죄책감을 갖게 하며 거기서 즐거움을 느낀다. 특히 네가 나의 임재를 즐거워할 때는 더욱 그렇단다.

사탄이 쏘아 대는 비난의 화살이 느껴진다면, 너는 올바른 길로 가고 있는 것이다. 믿음의 방패로 사탄에게서 너 자신을 보호하렴. 네 모든 경험을 나에게 이야기하고, 앞으로 나아가야 할 길을 보여 달라고 나에게 구해라. 마귀를 대적해라. 그러면 너에게서 달아날 것이다. 나를 가까이해라. 그러면 나도 너를 가까이하겠다.

함께 읽어요

모든 것 위에 믿음의 방패를 가지고 이로써 능히 악한 자의 모든 불화살을 소멸하고(에베소서 6:16).

더 읽어 보세요 요한계시록 12:10; 야고보서 4:7-8

자녀를 위한 지저스 콜링 17

믿음의 방패를 들어라

매일매일 싸움이 벌어지고 있단다. 네 마음을 빼앗으려고 사탄이 벌이는 전투지. 사탄은 끝도 없이 많은 화살을 가지고 있어. 그 화살은 네 믿음을 약하게 만들려는 사탄의 거짓말이란다. 화살은 이렇게 말하지. "아무도 너를 사랑하지 않아." "그건 예수님도 용서하지 않으실 거야." "너는 아무런 희망이 없구나." "너는 정말 쓸모없는 사람이야." 이렇게 끝도 없이 거짓말을 한단다.

믿음의 방패로 자신을 보호하렴. 사탄의 거짓말에 마음이 상하면 나에게 와서 진리의 말씀을 들으렴. 나는 너를 너무 사랑해서 너를 위해 죽기까지 했단다. 이게 바로 진리야. 네가 하는 일 중에 내가 용서하지 못할 일은 하나도 없단다. 내 안에는 언제나 소망이 있으며, 너는 내게 늘 소중하고 특별한 창조물이란다.

믿음의 방패를 들고 사탄에게 맞서렴. 그러면 너에게서 도망칠 거야. 나에게 가까이 오렴. 그러면 나도 너에게 가까이 갈게.

함께 이야기해요

사탄은 어떤 거짓말로 우리를 속이려 할까요? 하나님의 말씀은 그런 거짓말에 대해 뭐라고 하시나요? 믿음의 방패는 사탄의 거짓말에서 우리를 어떻게 보호해 줄까요?

부모를 위한 지저스 콜링 18

나를 기쁘게 해주렴

그 무엇보다 나를 기쁘게 하고자 노력해라. 이 목표에 네 중심을 두고 오늘 하루를 살아가렴. 그런 마음가짐은 에너지를 여기저기 낭비하지 않도록 너를 보호해 주지. 너에게 준 자유 의지에는 큰 책임이 따른단다. 하루하루가 선택의 연속이지만, 네가 선택하지 않고 무시한 수많은 결정이 처음 그대로 있구나. 너를 인도해 줄 중심이 없이는 길을 잃기 쉽다. 그러니 감사하는 마음으로 내 임재를 의식하면서 나와 소통하며 사는 태도가 정말 중요한 거란다.

너는 모든 일이 계속 흐트러질 수밖에 없는 타락하고 혼란스러운 세상에 살고 있다. 오직 나와의 활기찬 관계만이 앞으로 다가올 혼란에서 너를 지켜 줄 수 있단다.

함께 읽어요

무슨 일을 하든지 마음을 다하여 주께 하듯 하고 사람에게 하듯 하지 말라 이는 기업의 상을 주께 받을 줄 아나니 너희는 주 그리스도를 섬기느니라(골로새서 3:23-24).

더 읽어 보세요 마태복음 6:33; 요한복음 8:29

자녀를 위한 지저스 콜링 18

나를 위해 일하렴

너는 매일 수많은 선택을 만나고 있구나. 어떤 결정을 내리려고 할 때는 너를 인도해 줄 좋은 목표가 필요하단다. 그러니 무엇을 선택하고, 무슨 일을 하든지 나를 기쁘게 하고자 노력하렴.

너도 알겠지만 나를 기쁘게 하려면 나와 함께 시간을 보내야 한단다. 예배드리고, 기도하고, 찬양을 부르며, 성경 공부를 하는 일들이 나를 웃음 짓게 하는구나.

그런데 나와 함께하는 것만이 나를 기쁘게 하는 일은 아니란다. 네가 나를 대신해서 하는 일들도 나를 기쁘게 하지. 아픈 사람들을 돌보고, 가난한 사람들을 도우며, 친구가 없는 사람들에게 친구가 되어 주는 일, 엄마를 위해 설거지를 돕고, 아빠를 대신해서 쓰레기를 갖다 버리는 일, 그리고 늘 공손한 태도를 갖는 것, 이 모든 일을 나를 위해 하렴. 다른 사람들을 위해 일하는 것 같지만, 사실은 나를 위해 일하는 거란다. 그러니 이 일을 할 때 최선을 다하렴. 내가 그 모든 일에 함께한단다.

함께 이야기해요

주님을 위해 일하는 것과 사람들을 위해 일하는 것은 어떻게 다를까요? 예수님을 기쁘시게 하는 것을 목표로 삼으면 우리 삶이 어떻게 달라질까요?

부모를 위한 지저스 콜링 19

나와 함께 시간을 보내자

너를 치유하는 내 임재 안에서 긴장을 풀고 느긋하게 쉬어라. 나와 함께 시간을 보낼 때 오늘의 계획과 해결해야 할 문제를 생각하느라 마음이 앞서는 경향이 있구나. 마음을 다시 나에게 가져와 회복을 경험하고 새 힘을 얻으렴. 생각을 나에게 집중하면 내 임재의 빛이 네 안으로 스며든단다. 나는 그렇게 너를 준비시켜 오늘 무슨 일을 만나든지 이겨 낼 수 있도록 한다.

시간을 내어 나를 만나는 일은 나를 기쁘게 하고 너를 강하게 한다. 우리가 함께하는 시간을 아까워하지 마라. 할 일이 태산 같다고 떠드는 소리를 견디렴. 더 좋은 일을 선택했기에 그것을 빼앗기지 않을 것이다.

함께 읽어요

그에게 마리아라 하는 동생이 있어 주의 발치에 앉아 그의 말씀을 듣더니 마르다는 준비하는 일이 많아 마음이 분주한지라 예수께 나아가 이르되 주여 내 동생이 나 혼자 일하게 두는 것을 생각하지 아니하시나이까 그를 명하사 나를 도와주라 하소서 주께서 대답하여 이르시되 마르다야 마르다야 네가 많은 일로 염려하고 근심하나 몇 가지만 하든지 혹은 한 가지만이라도 족하니라 마리아는 이 좋은 편을 택하였으니 빼앗기지 아니하리라 하시니라(누가복음 10:39-42).

더 읽어 보세요 시편 89:15; 시편 105:4

자녀를 위한 지저스 콜링 19

나를 선택하렴

너는 너무 바쁘구나. 하지만 잠시 멈추면 좋겠어. 게임기를 내려놓고, 핸드폰도 끄고, 컴퓨터도 꺼라. 나와 잠깐만 같이 있자꾸나.

지금도 오늘 해야 할 일과 해결해야 할 문제를 생각하느라 마음이 바쁘구나. 그런 생각과 걱정을 무시해 버려라. 그냥 내가 너를 얼마나 사랑하는지 생각해 보렴. 나는 오늘 네 삶에 어떤 일이 일어날지 정확히 알고 있단다. 걱정하지 마라. 오늘 일어날 일을 처리하는 데 필요한 모든 것을 내가 다 줄 거란다.

우리 둘이 보내는 시간을 아까워하지 마라. 우리가 만나는 동안 컴퓨터와 핸드폰, 숙제는 그대로 있을 테니 말이야. 나를 먼저 선택하렴. 그러면 내가 주는 복을 절대 빼앗기지 않을 거란다.

함께 이야기해요

예수님과 함께 시간을 보내는 것이 왜 그렇게 중요할까요? 예수님과 시간을 보내는 날과 예수님과 시간을 보내지 못하는 날은 어떤 차이가 있을지 이야기해 보세요. 매일 잊지 않고 주님과 시간을 보내려면 어떻게 해야 할까요?

부모를 위한 지저스 콜링 20

하나님의 임재 안에서 기다리기

나는 네 편에서 일한다. 꿈을 포함해 네 모든 염려를 내게 가져오렴. 모든 일에 대해 나와 이야기 나누고, 내 임재의 빛이 소망과 계획 위에 비추게 하자꾸나. 우리가 함께 시간을 보내면 나의 빛이 네 꿈에 생명을 불어넣고, 점차 실현되게 한단다. 이것은 나와 협력하는 가장 실제적인 방법이지.

나는 우주의 창조자로서 너와 함께 창조할 계획을 세웠단다. 이 과정을 급하게 하려고 하지 마라. 나와 함께 일하려면 내 시간표를 따라야 한다. 서두르는 일은 내 본성과 맞지 않는다. 아브라함과 사라는 아들을 주겠다는 내 약속이 성취되기를 오랫동안 기다려야 했다. 오랜 기다림으로 그 아이에 대한 기쁨이 얼마나 커졌을지 상상해 보렴. 믿음은 바라는 것들에 대해서 확신하는 것이고, 보이지는 않지만 그것이 사실임을 믿는 거란다.

함께 읽어요

믿음은 바라는 것들의 실상이요 보이지 않는 것들의 증거니(히브리서 11:1).

더 읽어 보세요 시편 36:9; 창세기 21:1-7

자녀를 위한 지저스 콜링 20

믿음은 아는 것

매일 매 순간 나는 너를 위해 일한단다. 네 모든 걱정과 두려움을 내게 가져오렴. 나에게 모든 것을 이야기하렴. 내 임재의 빛이 네 그림자를 쫓아 버릴 거란다. 소망과 꿈도 모두 가져오렴. 네 소원이 조금씩 실현되도록 우리 함께 노력하자꾸나.

이 모든 일은 시간이 걸린단다. 지름길로 가려 하거나 과정을 서두르면 안 돼. 나와 함께 일할 때는 내 시간표를 따르는 법을 배워야 한단다. 아브라함과 사라는 오랫동안 아들을 기다렸어. 아들인 이삭이 태어났을 때 그들의 기쁨은 훨씬 더 컸단다. 그만큼 오래 기다렸기 때문이지.

믿음은 내가 약속을 지킬 거라고 확신하는 거야. 바라는 것들이 이미 보이는 것처럼 실제라고 믿는 거란다.

함께 이야기해요

하나님의 시간표가 완벽하다는 것을 알면 그분의 타이밍을 더 쉽게 믿을 수 있을까요? 하나님의 시간표가 여러분의 것과 다르다면 어떨 것 같나요? 우리는 왜 하나님의 시간표를 믿어야 할까요?

부모를 위한 지저스 콜링 21

말의 힘

말에 신경을 쓰고 조심해라. 말에는 축복을 하거나 상처를 줄 수 있는 능력이 있단다. 부주의하게 부정적으로 말하면 너 자신뿐 아니라 다른 사람에게도 피해를 준다. 말로 표현하는 능력은 내 형상을 따라 지은 창조물에게만 부여한 놀라운 특권이다. 강력한 이 능력을 책임 있게 사용하려면 도움이 필요하지.

세상은 빠른 재치로 반응하는 말솜씨를 높이 사지만, 의사소통에 관한 나의 가르침은 상당히 다르다. 듣기는 속히 하되 말하기와 성내기는 더디 하렴. 말할 때마다 내 영에게 도움을 구해라. 내가 가르쳐 준 대로 전화를 받기 전에도 "도와주세요, 성령님." 하고 기도해라. 이런 훈련이 얼마나 유익한지는 너도 잘 알 것이다. 주변 사람들과 이야기할 때도 같은 규칙을 적용하면 된단다. 먼저 말을 건넬 때는 말을 건네기 전에 기도하고, 대화 중에는 대꾸하기 전에 기도해라. 이것은 아주 짧은 순간의 기도지만 너를 내 임재와 연결해 준다. 이런 방법으로 너의 언어가 내 영의 통제 아래 놓인단다. 부정적인 대화가 긍정적인 대화로 바뀌면서 기쁨이 얼마나 커지는지 깜짝 놀라게 될 거다.

함께 읽어요

무릇 더러운 말은 너희 입 밖에도 내지 말고 오직 덕을 세우는 데 소용되는 대로 선한 말을 하여 듣는 자들에게 은혜를 끼치게 하라(에베소서 4:29).

더 읽어 보세요 잠언 12:18; 야고보서 1:19

자녀를 위한 지저스 콜링 21

막대기와 돌멩이

"막대기와 돌멩이는 내 뼈를 부러뜨릴지 몰라도, 말은 절대로 나를 해치지 않을 것이다."라는 말이 있어. 그런데 이 말은 사실이 아니란다. 언어는 어떤 칼보다 더 깊은 상처를 낼 수 있어. 말이 남기고 간 상처는 여간해서는 치유되지 않을 거야.

세상은 다른 사람을 당황하게 하고 상처를 주더라도 '똑똑하게' 말하는 사람을 치켜세우지. 하지만 너는 그런 사람이 되지 않았으면 좋겠구나. 네 말은 강력한 도구가 될 수 있어. 말로 주변 사람들을 무너뜨리지 않고 그들을 세워 주었으면 좋겠구나.

가끔 화가 나고, 좌절할 때도 있을 거야. 그렇다고 맨 처음 떠오르는 말을 아무렇게나 내뱉으면 안 된단다. 그럴 때는 먼저 기도하렴! 전화를 받기 전에도 기도하고, 화를 내는 사람에게 대답하기 전에도 기도하고, 뭔가를 말해야 하는 상황이라면 모두 먼저 기도하렴. 별로 어렵지 않지? "도와주세요, 예수님." 하고 짧게 기도해도 내가 너의 언어를 다스릴 수 있게 된단다.

함께 이야기해요

말로 상처를 받은 적이 있나요? 혹시 하지 말았어야 하는 말을 해서 누군가에게 상처를 준 적은 없는지 생각해 보세요. 그때 뭐라고 이야기해야 했을까요?

부모를 위한 지저스 콜링 22

내 목소리를 분별해라

네가 행한 일 때문이 아니라, 너의 너 됨으로 인해 너를 사랑한단다. 많은 내면의 목소리가 마음을 통제하려고 경쟁을 벌인다. 특히 네가 침묵할 때는 경쟁이 더 치열해지지. 내 목소리와 그렇지 않은 소리를 분별하는 법을 배워야 한다.

내 영에게 분별력을 달라고 구해라. 많은 자녀가 자신의 삶에 명령을 내리는 수많은 목소리에 끌려다니며 다람쥐 쳇바퀴 돌 듯 바쁘게 산다. 그 결과 삶이 분열되고 좌절을 맛보기도 하지. 이 함정에 빠지지 마라. 매 순간 나와 친밀하게 동행하면서 내 인도에 귀 기울이고 나와의 동행을 즐겁게 누리렴. 다른 목소리가 너를 옭아매려 할 때는 단호하게 거절해라. 내 양은 나의 음성을 아는 고로 내가 이끄는 곳이면 어디든 따라온단다.

함께 읽어요

자기 양을 다 내놓은 후에 앞서가면 양들이 그의 음성을 아는 고로 따라오되(요한복음 10:4).

더 읽어 보세요 에베소서 4:1-6

자녀를 위한 지저스 콜링 22

내 목소리에 귀 기울이렴

세상에는 너의 관심을 끌려는 수많은 목소리가 있어. 친구들, 텔레비전, 심지어 사탄도 그렇단다. 그들은 모두 무엇이 중요하고 어떻게 행동해야 하는지를 너에게 말해 주려 하지. 어떤 때는 뭔가에 대해 모두 다른 이야기를 할 거야. 그런 목소리에 다 귀 기울이면, 결국 다람쥐 쳇바퀴 돌 듯하면서 아무것도 얻지 못하게 된단다. 마치 제 꼬리를 쫓아다니는 강아지처럼 말이야!

내 목소리에 귀 기울이는 법을 배우렴. 내 목소리를 다른 목소리와 구별하는 법을 배워라. 어떻게 하면 되냐고? 기도하렴. 다른 어떤 목소리보다 내 목소리를 들을 수 있게 도와달라고 성령님께 기도해라. 내가 무슨 말을 하는지 잘 듣고, 내가 이끄는 곳이라면 어디든 따라오렴.

함께 이야기해요

목자는 양을 위해 무엇을 할까요? 만일 우리가 양이라면, 우리의 선한 목자는 누구실까요? 어떻게 하면 선한 목자가 우리를 인도하시도록 할 수 있을까요? 우리는 예수님을 따라가는 법을 어떻게 알 수 있을까요?

부모를 위한 지저스 콜링 23

영이 다스리는 마음

내가 네 마음을 다스리게 해주렴. 마음은 불안정하고 또 제멋대로지. 인간은 최고의 창조물이기에 그 마음은 놀랍도록 복잡하단다. 하지만 나는 위험을 무릅쓰고 너에게 스스로 생각할 수 있는 자유를 주었다. 이 자유는 다른 동물이나 로봇과 너를 구별하는 속성이다. 나는 너를 내 형상을 따라 위험할 정도로 신에 가깝게 창조했다.

내 피로 너를 완전히 구속했지만 네 마음은 반란군의 마지막 요새와 같다. 내 찬란한 임재를 향해 마음을 열고 내 빛이 네 생각에 스며들도록 해라. 나의 영이 네 마음을 다스리면 생명과 평안으로 가득해진단다.

함께 읽어요

하나님이 이르시되 우리의 형상을 따라 우리의 모양대로 우리가 사람을 만들고 그들로 바다의 물고기와 하늘의 새와 가축과 온 땅과 땅에 기는 모든 것을 다스리게 하자 하시고 하나님이 자기 형상 곧 하나님의 형상대로 사람을 창조하시되 남자와 여자를 창조하시고(창세기 1:26-27).

더 읽어 보세요 시편 8:5; 로마서 8:6

자녀를 위한 지저스 콜링 23

너의 놀라운 마음

나는 내 모습을 따라 너를 만들었단다. 너는 내가 만든 창조물 중에 최고의 작품이지. 나는 멋지고 창의적인 생각을 할 수 있는 마음을 너에게 주었어. 그리고 조금 위험하지만 모든 것을 걸고 너 스스로 생각할 수 있는 자유까지 주었단다. 이렇게 놀라운 마음을 가진 너는 다른 동물이나 로봇과는 완전히 다른 존재란다.

나는 네가 나를 항상 사랑하고 나만 쳐다보도록 만들 수도 있었어. 하지만 네 마음으로 스스로 선택해서 나를 사랑하고 찾길 원했지. 네 마음은 정말 놀랍단다. 마음으로 상상하고, 마음으로 꿈을 꾸고, 또 마음으로 반항할 수도 있지. 너의 마음과 생각을 나에게 가져오렴. 분노와 의심, 반항 같은 것들을 다 없애고, 사랑과 믿음, 평안을 주겠다.

함께 이야기해요

하나님은 우리의 마음을 만드셨어요. 그리고 스스로 생각할 수 있게 해주셨지요. 우리의 마음이 얼마나 멋진 선물인지 알았나요? 왜 하나님은 우리가 하나님을 사랑하도록 만들지 않으시고, 우리 스스로 선택해서 하나님을 사랑하게 하셨을까요?

부모를 위한 지저스 콜링 24

내 임재를 누려라

나는 견고한 토대이기에 그 위에서 춤추고 노래하며 나의 임재를 찬미해라. 이것이 너를 향한 나의 높고 거룩한 부름이니 소중한 선물로 받아라. 나를 영광스럽게 하고 기뻐하는 일이 정돈된 삶을 유지하는 것보다 먼저란다. 모든 일을 통제하려는 노력을 포기하렴. 이는 불가능할뿐더러 소중한 에너지를 낭비하는 거란다.

나는 내 자녀 한 사람 한 사람을 각각 다르게 인도한다. 그러니 행복하고 싶다면 내게 귀 기울이렴. 나는 오늘 하루를 대비해 너를 준비시키고 바른 방향으로 인도한단다. 내가 계속해서 너와 함께 있으니 두려움에 겁먹지 마라. 두려움이 너도 모르는 새 다가올 수는 있지만, 내 손을 꼭 붙들고 있는 한 너를 해칠 수 없단다. 나를 계속 바라보면서 내 임재 안에서 평안을 누려라.

함께 읽어요

그러나 주께 피하는 모든 사람은 다 기뻐하며 주의 보호로 말미암아 영원히 기뻐 외치고 주의 이름을 사랑하는 자들은 주를 즐거워하리이다(시편 5:11).

더 읽어 보세요 에베소서 3:20-21; 유다서 24-25; 여호수아 1:5

자녀를 위한 지저스 콜링 24

기쁘게 소리 질러 보렴!

노래하고! 춤추고! 기쁘게 소리 질러 보렴! 나는 너의 하나님이란다. 세상에서 이보다 더 기쁜 소식은 없을 거야. 어디를 가든 내가 베푼 사랑과 용서를 노래하렴. 춤추며 기쁘게 소리 질러 보렴. 이것은 너를 사랑하고 보물처럼 여기는 하나님을 예배하는 거란다.

나를 찬양하는 삶을 살아라. 네 말과 행동이 나에게 영광이 되도록 하렴. 내가 언제나 너와 함께 있으니 두려워하거나 멈추지 말고 계속 찬양하렴. 나를 계속 바라보면 바른길로 인도해 주겠다. 그러니 노래하고 춤추며 기쁘게 소리 질러 보렴!

함께 이야기해요

"나는 너의 하나님이란다. 세상에서 이보다 더 기쁜 소식은 없을 거야." 이 말이 정말 사실인지 설명해 보세요. 삶에서 어떻게 하나님을 기뻐할 수 있을까요?

함께하시는 하나님

나는 너와 언제나 그리고 영원까지 함께하는 하나님이다. 이 개념을 자주 들어 봤다고 해서 무감각하게 받아들이지는 않도록 하렴. 영원히 함께하는 내 임재는 지속적인 기쁨의 근원으로 풍성한 삶의 샘에서 솟아나 흐른단다. 네 마음에 내 이름의 뜻이 울려 퍼지게 해라. 예수의 이름은 '구원자', '임마누엘'은 '하나님이 우리와 함께하신다'는 뜻이다.

가장 바쁜 순간에도 내 임재를 의식하려고 애쓰렴. 너를 기쁘게 하는 일, 화나게 하는 일, 마음에 걸리는 일을 무엇이든 내게 이야기해라. 매일 연습하는 이 소소한 훈련을 하나하나 실천하면 삶의 여정길을 걷는 동안 너를 내게 가까이 이끌어 준단다.

함께 읽어요

아들을 낳으리니 이름을 예수라 하라 이는 그가 자기 백성을 그들의 죄에서 구원할 자이심이라 하니라(마태복음 1:21).

더 읽어 보세요 요한복음 10:10; 사도행전 2:28

나는 하나님이란다

나는 너와 함께하는 하나님이란다. 이 말을 교회에서 자주 들어 봤을 거야. 하지만 그렇다고 절대 시시하게 생각하지는 않도록 하렴. 나를 계속 경외하며 사는 것도 잊지 마라.

잠깐 멈춰 서서 내가 누구인지 생각해 보렴. 내 이름은 예수란다. '구원자'라는 뜻이지. 내가 너를 구원한단다. 이 세상의 괴로움과 절망에서 너를 구원하고, 영원히 죄에서 너를 구원한다.

나는 또한 임마누엘이야. '하나님이 우리와 함께하신다'는 뜻이지. 하나님이 너와 함께하신단다. 내가 항상 너와 함께하면서 네 이야기를 기다리고 있다. 너를 행복하게 하는 일, 화나게 하는 일, 마음에 걸리는 일을 무엇이든 내게 이야기하렴.

나에게 너무 익숙해져서 내가 누구인지, 나를 알아 가는 기쁨이 무엇인지 잊지 않도록 하렴. 나는 경이로운 하나님이며 온 우주의 창조자란다.

함께 이야기해요

예수님의 이름은 '구원자', '임마누엘'은 '하나님이 우리와 함께하신다'는 뜻이에요. 이 이름들을 보면서 하나님은 누구시며, 우리를 위해 무엇을 해주고 싶어 하시는지 알게 되었나요? 그것이 왜 중요할까요?

부모를 위한 지저스 콜링 26

모든 일을 해결하려고 애쓰지 마라

문제는 삶의 일부란다. 이 타락한 세상에서 피할 수 없는 것이지. 너는 문제가 생기면 곧장 달려들어 해결하려 애쓰지. 마치 모든 것을 고칠 수 있는 능력이 있는 것처럼 행동한다. 이것은 습관적인 반응으로, 정상적으로 판단하고 생각하는 과정을 건너뛰게 만든다. 이런 습관은 너를 좌절하게 할 뿐 아니라 내게서 멀어지게 하지.

문제 해결을 최우선 순위로 삼지 마라. 세상의 잘못된 일을 바로잡기에 네 능력은 너무 미약하단다. 네가 책임질 일이 아닌 것들에 짓눌리지 마라. 대신 나와의 관계를 가장 중요한 관심사로 삼아라. 마음에 떠오르는 생각이 무엇이든 모두 나에게 이야기하고, 그 상황을 나는 어떻게 바라볼지 구해라. 관심을 끄는 모든 일을 해결하려 하기보다는 정말로 중요한 일을 보여 달라고 기도해. 너는 천국으로 가는 길 위에 있단다. 문제 따위는 영원의 빛 속으로 던져 버리렴.

함께 읽어요

그러나 우리의 시민권은 하늘에 있는지라 거기로부터 구원하는 자 곧 주 예수 그리스도를 기다리노니 그는 만물을 자기에게 복종하게 하실 수 있는 자의 역사로 우리의 낮은 몸을 자기 영광의 몸의 형체와 같이 변하게 하시리라(빌립보서 3:20-21).

더 읽어 보세요 시편 32:8; 누가복음 10:41-42

자녀를 위한 지저스 콜링 26

천국의 빛

이 세상에는 해결해야 할 일이 많단다. 삶에서도 해결해야 할 일이 많지. 약속이 깨지고, 관계가 틀어진 일, 그리고 그밖에 여러 가지 일이 있을 거야. 하지만 그 일들을 네가 다 해결해야 할 필요는 없단다. 사실 그렇게 할 수도 없지. 너는 그저 사람일 뿐이니까.

지금도 여전히 뭔가 해보려고 하는구나. 너는 잘못된 일을 보면 바로 달려들어 해결하려 애쓰지. 하지만 그건 네가 책임질 일이 아니야. 너에게 가장 중요한 일은 나와의 관계란다. 오늘 어떤 문제가 생기면 나와 함께 그것에 관해 이야기하자꾸나. 그 문제를 나는 어떻게 생각할지 물어보렴. 모든 일에 뛰어들어 해결하려 애쓰기보다는 정말로 중요한 일을 보여 달라고 기도하렴.

이 세상은 일시적이며, 너는 그저 이곳을 지나고 있을 뿐이란다. 너의 진짜 고향은 천국에 있지. 아무리 큰 문제라도 영원한 천국의 빛 속으로 사라진단다.

함께 이야기해요

문제가 있으면 세상이 어둡게 보이지요. 하지만 아무리 우울한 문제라도 천국의 빛이 비치면 사라진답니다. 왜 그럴까요? 이런 일이 일어나는 걸 본 적이 있나요? 천국에서도 문제가 생길까요?

부모를 위한 지저스 콜링 27

내 이름을 속삭여라

나에게서 멀어졌다고 느낄 때는 언제든 사랑과 신뢰의 마음으로 내 이름을 속삭여라. 이 단순한 기도에는 내 임재를 인식하도록 회복하는 능력이 있단다.

세상에서 내 이름은 끊임없이 오용되어 어떤 이들은 심지어 저주하는 말로 사용하지. 이와 같은 언어폭력은 천국에까지 닿아 하나하나 내 귀에 들리고 기록된다. 네가 신뢰하며 내 이름을 부를 때, 저주하는 말에 시달린 귀가 달래지는구나. 세상이 분노하며 신성 모독의 말들을 뱉어 낸다 해도, 내 자녀가 나를 신뢰하며 속삭이는 "예수님"이라는 고백을 이길 수 없단다. 우리 모두에게 복 주는 내 이름의 능력은 네가 이해할 수 있는 것보다 훨씬 크단다.

함께 읽어요

다른 이로써는 구원을 받을 수 없나니 천하 사람 중에 구원을 받을 만한 다른 이름을 우리에게 주신 일이 없음이라 하였더라(사도행전 4:12).

더 읽어 보세요 잠언 18:10; 요한복음 16:24

자녀를 위한 지저스 콜링 27

나의 이름

내 이름이 세상에서 계속 아무렇게나 사용되고 있구나. 어떤 사람들은 자신들이 부르는 이름이 만왕의 왕의 이름인지 모르고, 무심코 내 이름을 쓰고 있다. 저주할 때 내 이름을 쓰는 사람도 있지. 그건 하나님을 공격하는 거란다. 내 이름을 사용할 때마다 천국에 기록된다는 걸 명심하렴.

기도하면서 내 이름을 부르고, 찬양 속에서 내 이름을 부르고, 나를 신뢰하면서 내 이름을 속삭이면, 내 아픈 마음이 위로를 받는단다. 네가 사랑스럽게 "예수님"이라고 불러 주면, 세상의 모든 저주의 말들이 하나도 들리지 않는구나. 이렇게 네가 내 이름을 부르면 우리 모두 행복해진단다.

함께 이야기해요

예수님은 우리가 그분의 이름을 말할 때마다 듣고 계세요. 예수님의 이름을 어떻게 사용하고 있나요? 이런 이야기를 들으면 마음이 조금 불편해지나요, 아니면 행복해지나요? 예수님의 이름이 왜 가장 중요할까요? 예수님의 이름을 존경하고 사랑한다는 것을 어떻게 표현할 수 있을까요?

부모를 위한 지저스 콜링 28

가장 안전한 곳

네 모든 약함을 가지고 나에게 와라. 몸의 약함, 정서적인 약함, 영적인 약함을 모두 가져오렴. 나와 함께라면 불가능한 일이 없으니 내 임재 안에서 편히 쉬어라.

문제에서 마음을 멀리하면 나에게 온전히 집중할 수 있다. 나는 네가 구하거나 생각하는 모든 것에 더 넘치도록 능히 하는 이임을 기억해라. 내게 이런저런 일을 해달라고 지시하지 말고, 내가 이미 행하는 일에 너를 맞추도록 노력해 보렴.

불안이 네 생각을 파고들 때는 내가 너의 목자임을 다시금 떠올려라. 내가 너를 돌본다는 사실은 변하지 않는다. 따라서 아무것도 두려워할 필요가 없지. 네 삶을 계속해서 통제하려고 애쓰는 대신 내 뜻에 너를 맡기렴. 이렇게 하는 게 두렵고, 심지어 위험하게 느껴질 수도 있지만, 너에게 가장 안전한 곳은 내 뜻 안에 있단다.

함께 읽어요

여호와는 나의 목자시니 내게 부족함이 없으리로다 그가 나를 푸른 풀밭에 누이시며 쉴 만한 물가로 인도하시는도다 내 영혼을 소생시키시고 자기 이름을 위하여 의의 길로 인도하시는도다 내가 사망의 음침한 골짜기로 다닐지라도 해를 두려워하지 않을 것은 주께서 나와 함께하심이라 주의 지팡이와 막대기가 나를 안위하시나이다(시편 23:1-4).

더 읽어 보세요 누가복음 1:37; 에베소서 3:20-21

자녀를 위한 지저스 콜링 28

나는 너의 목자란다

목자는 자기 양을 돌본단다. 양들이 배고플 때 목자는 먹을 것이 있는 곳으로 그들을 데려가지. 양들이 목말라할 때는 물을 찾아 주고, 상처를 입으면 정성껏 돌봐준단다. 또한 야생 동물의 공격으로부터 보호해 주고, 어두운 밤에는 무서워하지 않도록 달래 준다.

나는 너의 목자란다. 너는 나의 가장 소중한 양이지. 내가 너를 돌보니 아무것도 두려워하지 않아도 된단다. 네가 할 일은 그저 나를 따라오는 거야. 양이 목자를 이끄는 게 아니란다. 그러니 내가 네 삶을 다스릴 수 있게 맡겨 주렴. 이렇게 하는 게 가끔은 무섭고, 위험하게 느껴질지도 몰라. 하지만 너에게 가장 안전한 곳은 바로 내 옆이란다.

함께 이야기해요

시편 23편을 읽어 보세요. 목자는 어떻게 양들을 보호할까요? 주님은 어떻게 우리의 목자가 되어 주실까요? 예수님의 바로 옆이 어떻게 가장 안전한 곳이 될까요?

부모를 위한 지저스 콜링 29

나는 너의 친구이자 주인이다

나는 너와 함께하며 네 주위를 황금빛 광선으로 에워싸고 있다. 언제나 네 얼굴을 마주하여 바라본다. 네 생각 중에서 내가 알지 못하는 부분은 하나도 없단다. 나는 무한하기에 마치 온 우주에 너와 나밖에 없는 것처럼 너를 사랑할 수 있다.

친밀한 사랑의 발걸음으로 나와 함께 걷자. 그러나 내가 너의 통치자라는 사실을 놓치면 안 된다. 나는 너의 가장 친한 친구이자 최고 통치자가 되길 원한다. 네 두뇌를 지을 때 나를 친구이면서 동시에 주인으로 알 수 있는 능력을 주었단다. 인간의 이성은 내 모든 창조의 정점인데, 인생의 주된 목적인 나를 아는 일에 이성을 사용하는 사람은 그리 많지 않구나. 나는 내 영과 성경 말씀, 그리고 내가 지은 창조 세계를 통해서 끊임없이 너와 소통한단다. 오직 인간만이 나를 받아들여서 내 임재에 반응할 수 있는 능력이 있다. 너는 정말 놀랍고 신기하게 지어졌단다!

함께 읽어요

내가 주께 감사하옴은 나를 지으심이 심히 기묘하심이라 주께서 하시는 일이 기이함을 내 영혼이 잘 아나이다(시편 139:14).

더 읽어 보세요 시편 34:4-6; 베드로후서 1:16-17; 요한복음 17:3

자녀를 위한 지저스 콜링 29

정말 멋지고 훌륭하구나

내가 너를 창조했단다. 그냥 다른 사람과 똑같이 만든 게 아니야. 너의 모든 세부적인 부분과 특징을 사랑으로 정성껏 만들었단다. 너는 정말 훌륭해!

세상은 네게 이런 말을 할 거야. 멋진 사람이 되기 위해서는 외모를 어떻게 꾸며야 하고, 어떤 식으로 말해야 하며, 어떤 식으로 살아야 한다고 말이야. 잡지를 들여다보면 세상이 말하는 멋진 모습이 어떤 건지 볼 수 있을 거야. 모두 디지털 사진 기술과 컴퓨터를 이용해 이곳저곳을 조금씩 수정한 덕분이지. 하지만 이 세상은 거짓의 아비가 다스리고 있다는 걸 기억하렴. 그의 가장 큰 거짓말 중 하나는 어떤 특정한 사람들만 진정으로 특별하다는 말이야.

내 자녀들은 다 멋지고 훌륭하단다. 각자 자기만의 독특한 방식으로 말이야. 거울을 한번 쳐다보렴. 내가 어떤 걸 멋지다고 하는지 알게 될 거야.

함께 이야기해요

놀랍고 멋진 하나님이 여러분을 '놀랍고 멋지게' 만드셨어요. 하나님이 여러분을 얼마나 멋진 사람으로 만드셨는지 3가지만 떠올려 보세요. 하나님이 얼마나 놀랍고 멋진 분이신지 다른 사람들에게 보여 주기 위해 몸과 마음, 그리고 재능을 어떻게 사용할 수 있을까요?

부모를 위한 지저스 콜링 30

나와 함께 하루를 시작해라

하루를 시작할 때 내 얼굴을 구해라. 이렇게 연습하면 온종일 '나를 입고' 살 수 있게 된단다. 사람들은 대부분 잠자리에서 일어나면 곧장 옷을 입는다. 마찬가지로 나와 대화를 나눔으로 나를 빨리 입으렴. 그렇게 오늘 하루 만날 일에 대비하면 된단다.

'나를 입는다'는 것은 '내 마음을 품는다'는 뜻으로 '내 시각으로 세상일을 바라보는 것'을 말한다. 네 안의 내 영에게 네 생각을 다스려 달라고 구해라. 새롭게 변화되어 내가 인생길에 허락하는 모든 사람이나 상황에 대처해 가렴. 나를 입는 것은 매일의 삶을 위한 최선의 준비란다. 이 훈련으로 너와 네 주변 사람들이 기쁨과 평화를 누릴 것이다.

함께 읽어요

오직 주 예수 그리스도로 옷 입고 정욕을 위하여 육신의 일을 도모하지 말라(로마서 13:14).

더 읽어 보세요 시편 27:8; 고린도전서 2:16; 골로새서 3:12

자녀를 위한 지저스 콜링 30

나를 입으렴

 매일 아침 그날 필요한 옷을 입지? 쌀쌀한 날에는 재킷을 입고, 비 오는 날에는 부츠를 신고, 운동할 때는 땀을 잘 흡수하는 운동복을 입을 거야. 옷을 제대로 입으면 그날을 잘 준비할 수 있지.

 옷을 입어 몸을 보호한다면, 내면은 어떻게 하면 좋을까? 내가 한 가지 제안을 할게. 바로 '나를 입는' 거야. 나로 옷을 입으면 오늘 하루를 잘 준비할 수 있단다.

 나를 어떻게 입냐고? 우선 아침에 일어나서 가장 먼저 나와 이야기하렴. 온종일 나를 생각하며 사는 것도 나를 입는 거란다. 상황이 바뀔 때마다 나를 생각하고 있는지 계속 확인하면서 하루를 지내라. 마치 날씨가 바뀌면 옷을 바꿔 입어야 하는 것처럼 주변 상황이 달라지면 내 생각도 달라질지 모르니까 말이야. 오늘 아침에는 네게 격려가 필요했을지 모르지만, 지금은 용서하는 마음이 조금 필요할 수도 있지. 그러니 나를 입으렴. 그것이 오늘 하루를 시작하기 위한 가장 좋은 방법이란다.

함께 이야기해요

옷이 어떤 역할을 하는지 생각해 볼까요? 옷은 우리 몸을 보호해 주고, 편안하게 해줘요. 우주복이나 다이빙복처럼 어떤 일을 하는 데 도움을 주는 옷도 있지요. 예수님으로 '옷을 입으면' 그분은 우리를 위해 무엇을 해주시고, 어떻게 우리를 보호하시며, 어떻게 우리에게 필요한 일을 하도록 도와주실까요?

서두르지 않는 삶

나는 모퉁이를 돌자마자 바로 만나게 될 일을 위해 너를 준비시킨단다. 네게 힘을 줄 수 있도록 시간을 내어 내 임재 안에 가만히 머물러라. 바빠질수록 이렇게 따로 구분하여 나와 함께하는 시간이 더 필요하단다. 많은 사람이 나와 함께 보내는 시간을 자신이 감당할 수 없는 사치라고 생각하지. 결국 그들은 자신의 힘으로 살고 일하다가 탈진하고 만다. 그때가 되면 도와달라고 울부짖거나, 아니면 상한 마음으로 나를 떠나기도 하지.

나와 친밀하게 동행하면서 모든 상황에서 내 능력에 의지하고 나를 신뢰함이 훨씬 더 나은 선택이다. 이렇게 살면 일은 덜 하면서 훨씬 많은 일을 이룰 수 있단다. 이 급박한 시대에 서두르지 않는 너를 게으르다고 생각하는 사람들이 있을 수도 있지만, 네 평화로움으로 인해 복 받는 사람들이 훨씬 더 많을 것이다. 나와 함께 빛 가운데로 걸으며 너를 바라보는 이 세상에 나를 드러내렴.

함께 읽어요

주 외에는 자기를 앙망하는 자를 위하여 이런 일을 행한 신을 옛부터 들은 자도 없고 귀로 들은 자도 없고 눈으로 본 자도 없었나이다(이사야 64:4).

더 읽어 보세요 요한복음 15:5; 시편 36:9

자녀를 위한 지저스 콜링 31

기다리는 시간

　내 자녀들이 너무 바빠서 나와 함께 보낼 시간이 없다고 생각하는구나. 결국 자신의 힘으로 살고 일하다가 힘이 다 빠지고 말지. 그때가 되면 도와달라고 울부짖거나, 아니면 화를 내며 나를 떠나기도 한단다.

　항상 내 가까이에 살면서 내 힘을 의지하고, 나를 신뢰하며 도움을 받는 것이 훨씬 낫다. 이렇게 살면 일은 덜 하면서 훨씬 더 중요한 일을 할 수 있지.

　이 바쁜 세상에서 나와 함께 시간을 보내며 천천히 여유 있게 사는 너를 게으르다고 생각하는 사람들도 있을 거야. 하지만 네 평화로움으로 인해 복 받는 사람들이 훨씬 더 많을 거란다. 그러니 나와 함께 기다리는 시간을 가지렴. 네가 기다리는 동안 내가 너를 대신해서 일할 거란다.

함께 이야기해요

예수님과 함께 시간을 보내면서 속도를 늦추면 중요한 일을 더 많이 하게 될 거예요. 어떻게 그럴 수 있을까요? 예수님과 시간을 더 많이 보낼 수 있도록 계획표를 짜보세요. 다른 사람들과 서로 격려하면서 계획을 실천해 보세요. 활동은 조금 덜 하면서 예수님과 시간을 보내면 삶이 어떻게 달라질까요?

부모를 위한 지저스 콜링 32

감사하는 마음

감사하는 마음으로 내게 와서 내 임재를 누려라. 오늘은 내가 만든 날이다. 내일에 대한 걱정은 접어 두고 오늘을 맘껏 기뻐해라. 내가 너를 위해 준비해 둔 모든 것을 찾아보렴. 풍성한 복을 기대하며 어려움이 다가와도 받아들여라. 내게만 집중하면 일상적인 하루하루로 기적을 엮어내 주겠다.

나는 부요하고 늘 차고 넘치게 공급하니 네 모든 필요를 가지고 나에게 와라. 나와 끊임없이 소통하며 내 곁에 머물라. 그러면 아무리 혹독한 환경에 처했다 해도 그 환경을 거뜬히 뛰어넘을 수 있단다. 감사하는 마음으로 네가 원하는 것을 구해라. 그러면 모든 지각에 뛰어난 나의 평강이 너의 마음과 생각을 지킬 것이다.

함께 읽어요

아무것도 염려하지 말고 다만 모든 일에 기도와 간구로, 너희 구할 것을 감사함으로 하나님께 아뢰라 그리하면 모든 지각에 뛰어난 하나님의 평강이 그리스도 예수 안에서 너희 마음과 생각을 지키시리라(빌립보서 4:6-7).

더 읽어 보세요 시편 118:24; 빌립보서 4:19

자녀를 위한 지저스 콜링 32

따분한 날은 이제 없을 거야

감사하는 마음으로 내게 오렴. 나의 임재를 누릴 수 있도록 너를 위해 오늘을 만들었단다. 내일 일은 걱정하지 말고 오늘을 기뻐하렴. 내가 오늘을 위해 마련해 둔 수많은 복과 기적을 찾아보아라. 삶 속에서 내 임재를 찾을 수 있을 거란다.

크든 작든 네 모든 필요를 가지고 나에게 오렴. 내가 너를 돌본단다. 삶에서 일어나는 일에 대해 걱정하는 마음이 사라질 때, 진정으로 자유롭게 살 수 있단다. 네게 그런 자유를 주고 싶구나. 네 마음을 나에게 넘겨주렴. 그 마음을 평안과 기쁨으로 채워 주겠다. 그리고 따분한 날은 이제 더는 없을 거란다!

함께 이야기해요

주님이 주시는 선물 같은 날은 언제인가요? 감사하는 마음을 가지면 그 선물을 더 잘 누리는 데 어떤 도움이 될까요? 어떤 걱정거리들을 예수님께 이야기해야 할까요?

부모를 위한 지저스 콜링 33

너를 향한 사랑의 노래

너를 향해 끊임없이 부르는 내 사랑의 노래를 들어 보렴. 나는 너를 기쁘게 여기며, 너 때문에 노래하며 즐거워하고 있다. 세상의 소리가 혼란스러운 불협화음을 내며 너를 이리저리 잡아끌 테지만, 그 소리에 귀 기울이지 마라. 내 말씀으로 그 소리에 도전해라. 잠시 세상에서 벗어나 휴식을 취하는 법을 배우렴. 나의 임재 안에 잠잠히 있을 곳을 찾아 내 목소리에 귀 기울여라.

내게 귀 기울이면 숨겨진 엄청난 보물을 발견하게 된다. 나는 네게 항상 복을 주지만 가장 큰 복 중에는 적극적으로 찾아야 하는 것도 있다. 나는 너에게 나를 드러내기를 좋아하기에, 열심히 나를 찾으면 내가 드러내는 더 많은 나를 받을 수 있단다. 구해라. 그러면 너에게 줄 것이다. 찾아라. 그러면 발견할 것이다. 문을 두드려라. 그러면 너에게 문이 열릴 것이다.

함께 읽어요

너의 하나님 여호와가 너의 가운데에 계시니 그는 구원을 베푸실 전능자이시라 그가 너로 말미암아 기쁨을 이기지 못하시며 너를 잠잠히 사랑하시며 너로 말미암아 즐거이 부르며 기뻐하시리라 하리라 (스바냐 3:17).

더 읽어 보세요 마태복음 17:5; 마태복음 7:7

자녀를 위한 지저스 콜링 33

내 노래를 들어 보렴

들리니? 나는 너에게 노래를 불러 주고 있단다. 바로 사랑의 노래지. 네가 너무 큰 기쁨을 주어서 노래하지 않을 수 없구나!

라디오에서 나오는 노래를 듣는 것처럼 내 노래를 들을 수는 없을 거야. 하지만 마음으로 귀 기울이면 내 목소리를 들을 수 있단다. 네 주변이 온통 소음으로 가득한 걸 나도 안다. 세상의 소리가 너를 이리저리 잡아끌 테지만, 그 소리에 귀 기울이지 마라. 모든 시끄러운 소리에서 벗어나 잠시 쉬어라. 나와 함께 가만히 머물면서 내 목소리를 들을 수 있는 조용한 곳을 찾아보렴.

아름다운 새소리가 들리니? 내가 너를 사랑한다는 소리란다. 나무 사이로 바람이 속삭이는 소리도 들리니? 그건 너와 함께하는 기쁨을 노래하는 거란다. 비가 후드득 내리는 소리도 내가 너를 얼마나 기뻐하는지 말해 주는구나. 내 노래에 귀 기울여 보렴. 지금까지 들어 본 음악과 다른 소리가 들릴 거야.

함께 이야기해요

어렸을 때 누군가 잠들기 전에 노래를 불러 주었던 기억이 있나요? 하나님도 우리를 보며 노래하신다는 걸 아나요? 스바냐 3장 17절을 읽어 보세요. 하나님이 우리로 인해 즐겁게 노래 부르신다는 말씀을 읽고 어떤 생각이 드나요?

부모를 위한 지저스 콜링 34

나를 의지해라

약함으로 강해져라. 내 자녀 중에는 풍부한 힘과 건강을 선물로 받은 이들도 있다. 너처럼 '약함'이라는 소박한 선물을 받은 사람들도 있지. 너의 약함은 형벌도 아니고, 믿음이 부족하다는 표시도 아니다. 오히려 너처럼 약한 사람들은 믿음으로 살아야만 하기에 나에게 의지하여 하루를 살아내야 한다.

너 자신의 명철보다 나를 신뢰하고 의지하는 능력을 키워 주고 있단다. 하루를 계획하고 무슨 일이 언제 일어날지 알고 싶어 하는 것은 너의 자연스러운 성향이다. 그러나 끊임없이 나를 의지하고, 네가 필요할 때 내가 너를 인도하고 힘을 준다는 사실을 신뢰하렴. 약함 속에서 강해지는 방법이 여기에 있단다.

함께 읽어요

너는 알지 못하였느냐 듣지 못하였느냐 영원하신 하나님 여호와, 땅 끝까지 창조하신 이는 피곤하지 않으시며 곤비하지 않으시며 명철이 한이 없으시며 피곤한 자에게는 능력을 주시며 무능한 자에게는 힘을 더하시나니 소년이라도 피곤하며 곤비하며 장정이라도 넘어지며 쓰러지되 오직 여호와를 앙망하는 자는 새 힘을 얻으리니 독수리가 날개 치며 올라감 같을 것이요 달음박질하여도 곤비하지 아니하겠고 걸어가도 피곤하지 아니하리로다(이사야 40:28-31).

더 읽어 보세요 야고보서 4:13-15; 잠언 3:5

자녀를 위한 지저스 콜링 34

너의 약함은 선물이란다

이런 이야기 들어 봤니? 내가 너의 약함을 사용해서 너를 강하게 만들고 있단다. 이야기가 거꾸로 된 것 같다고? 세상은 약함이 전혀 없는 사람을 강한 사람이라고 말하지. 모든 일을 스스로 해내는 사람, 자신의 힘과 지혜를 의지하는 사람 말이야. 그러나 그런 사람들에게는 언젠가 힘이 바닥나고, 자신의 지혜에 실망할 날이 분명히 오게 된단다.

내가 인도하는 길은 다르단다. 네가 예상치 못했던 문제를 사용해서 나의 인도를 구하도록 격려하지. 너의 약함은 형벌이 아니야. 오히려 힘겨운 일들은 네가 나를 의지하도록 돕는 선물이란다. 너 자신의 지식보다 나를 믿고 의지했으면 좋겠구나.

나에게 기댈 때 진정으로 강해지는 거란다. 내 힘은 절대 닳아 없어지지 않으며, 내가 주는 지혜는 절대 실패하지 않는단다.

함께 이야기해요

피곤했던 적이 있나요? 우리보다 강한 분은 누구실까요? 맞아요. 하나님이세요. 강하신 하나님은 우리를 어떻게 보살펴 주시나요?

부모를 위한 지저스 콜링 35

일상의 복

내가 특별한 인도함을 보이지 않는 때는 지금 있는 곳에 머물러라. 너와 함께하는 내 임재를 의식하면서 일상의 일에 집중하렴. 모든 일을 나를 위해 하면, 내 임재의 기쁨이 너를 비출 것이다. 그러니 네 삶의 모든 영역으로 나를 초대하렴. 모든 일에 나와 협력함으로 내 생명이 네 삶과 어우러지게 된단다. 이것이 기쁨을 누리는 삶의 비밀이며, 승리하는 삶을 사는 비법이다. 매 순간 나를 의지하며 살도록 너를 설계했기에, 나를 떠나서는 아무 일도 할 수 없다는 점을 깨닫는다.

뭔가 특별한 일이 일어나지 않는 조용한 날들에 감사해라. 활동이 부족하다고 지루해하는 대신 일상의 시간을 보내면서 나의 얼굴을 구하렴. 눈에 보이지 않는 활동일지라도 영적인 세계에서는 크게 소리 지르는 일과 같단다. 그뿐 아니라 일상에서 나를 신뢰하며 걸을 때 풍성한 복을 받는단다.

함께 읽어요

나는 포도나무요 너희는 가지라 그가 내 안에, 내가 그 안에 거하면 사람이 열매를 많이 맺나니 나를 떠나서는 너희가 아무것도 할 수 없음이라(요한복음 15:5).

더 읽어 보세요 골로새서 3:23; 시편 105:4

자녀를 위한 지저스 콜링 35

평범한 날들

어떤 날은 할 일이 많고 모험과 도전이 가득하지만, 어떤 날은 평범할 거야. 하지만 너무 지루해하지 마라. 조용한 날들에 감사하며 그 시간을 활용해서 나와 더 많은 시간을 보내자꾸나.

매일 하는 일 속으로 나를 초대하렴. 모든 일을 나를 위해 하는 것처럼 해보렴. 그래, 맞아. 이불 정리, 숙제 등 평소에 하는 모든 일을 그렇게 해보는 거야. 그리고 그 일들을 통해 나와 함께하는 기쁨을 그저 즐기렴.

나와 나란히 손잡고 오늘의 일을 해나가면, 나의 삶이 네 삶과 어우러지게 된단다. 너와 내가 정말 가깝게 연결된다는 말이지. 즉, 내 생명이 너에게 흘러들어 너를 통해 세상으로 흘러간다는 뜻이란다. 이것이 바로 평범한 날에도 기쁨 가득한 삶을 사는 진정한 비밀이야.

함께 이야기해요

정말 행복했던 하루가 언제였나요? 그런데 매일 기쁘게 살 수 있다는 걸 아나요? 누구를 초대해서 매일 함께하고 싶나요? 그래요, 예수님이시죠!

내가 하나님 됨을 알아라

내가 치유하는 동안 너는 나의 거룩한 임재 안에서 쉬어라. 내가 너의 마음과 생각을 변화시키는 동안 가만히 있으렴. 걱정과 염려를 내려놓고 내가 주는 평안을 받아라. 멈추고 내가 하나님 됨을 알아라.

수많은 율법을 만든 바리새인이 창조한 실체는 자신들만의 경건한 형식에 불과하니, 그들과 같이 되지 마라. 그들은 스스로 만든 규율에 너무 얽매인 나머지 나를 보지 못했단다. 오늘날에도 수많은 그리스도인이 스스로 만든 율법에 묶여 있다. 그들은 중심에 나를 두지 않고 자신들이 율법을 지켰다는 사실에 집중한다.

나를 친밀히 알아 가면 나와 닮게 된단다. 그러려면 나와 함께 시간을 보내야 한다. 모든 염려를 내 앞에 내려놓고 쉬면서 그저 잠잠히 있으며 내가 하나님 됨을 알면 된다.

함께 읽어요

사랑하는 자들아 우리가 지금은 하나님의 자녀라 장래에 어떻게 될지는 아직 나타나지 아니하였으나 그가 나타나시면 우리가 그와 같을 줄을 아는 것은 그의 참모습 그대로 볼 것이기 때문이니(요한일서 3:2).

더 읽어 보세요 시편 46:10; 마태복음 23:13

자녀를 위한 지저스 콜링 36

너는 내 자녀란다

나는 하나님이며, 너는 내 자녀란다. 네가 나처럼 자라 갔으면 좋겠구나. 나를 더 닮아 가려면 나와 함께 시간을 보내야 한단다. 내가 네 마음과 생각 속에서 일하는 동안 내 임재 안에서 편히 쉬렴. 걱정과 염려를 다 버리면 내가 주는 평안을 받을 수 있단다. 잠잠히 있으며 내가 하나님이라는 것을 알면 된다.

다른 사람들이 뭐라고 생각할지 걱정하지 마라. 어떤 것이 멋지고 유행하는지 염려하지 마라. 성경에 나오는 바리새인들처럼 되지 마라. 그들은 자신들이 만든 규율에 너무 빠져서 나를 보지 못했단다.

나를 계속 바라보렴. 그리고 내가 너를 얼마나 사랑하는지 기억하렴. 이렇게 하면 나를 사랑하고, 내 사랑으로 다른 사람들까지 사랑하게 된단다.

함께 이야기해요

가족 구성원이 어떻게 되나요? 부모님은 자녀가 크면서 가장 친한 친구를 닮아 가길 원하실까요? 언니나 형을 닮아 가길 원하실까요? 아니면 강아지? 아니겠죠! 부모님은 자녀가 예수님을 더욱 닮아 가길 원하신답니다. 예수님을 닮아 가려면 어떻게 해야 할까요?

좌절인가, 기회인가?

어떤 일로 인해 계획이나 열망이 좌절되거든 나와 소통하라는 신호로 받아들여라. 이런 훈련에는 몇 가지 이점이 있다. 나와 대화하면 네가 복을 받고 우리 관계는 강력해진다. 또한 실망스러운 상황이 낙담이 아닌 선한 기회로 바뀐다. 이 변화가 힘겨운 상황에서 입은 상처를 없애 주어 역경 한가운데서도 기뻐할 수 있게 된단다.

일상에서 일어나는 모든 사소한 실망에 이 훈련을 적용하며 시작하렴. 사소한 좌절은 때로 너를 내 임재에서 멀어지게 한다. 좌절을 기회로 새롭게 보기 시작하면 잃은 것보다 훨씬 많이 얻었음을 깨닫게 되지. 큰 상실까지 이런 긍정적인 시각으로 받아들이려면 많은 훈련이 필요하지만, 마침내 사도 바울의 관점을 얻을 수 있을 거다. 그는 그리스도 예수를 아는 지식이 가장 고상하기 때문에 소중히 여기던 모든 것을 쓰레기처럼 대수롭지 않게 여긴다고 했단다.

함께 읽어요

그러나 무엇이든지 내게 유익하던 것을 내가 그리스도를 위하여 다 해로 여길뿐더러 또한 모든 것을 해로 여김은 내 주 그리스도 예수를 아는 지식이 가장 고상하기 때문이라 내가 그를 위하여 모든 것을 잃어버리고 배설물로 여김은 그리스도를 얻고(빌립보서 3:7-8).

더 읽어 보세요 잠언 19:21; 골로새서 4:2

자녀를 위한 지저스 콜링 37

나와 대화하자꾸나

 네 계획이 엉망이 되면 나에게 이야기하렴. 나와 대화하면 네가 복을 받고 우리의 우정이 더 깊어진단다. 나는 실망으로 생긴 상처를 없애고, 거기에서 뭔가 좋은 것을 만들어 낸다. 그러니 일이 잘못되고 있을 때도 기뻐할 수 있단다. 하지만 이렇게 되려면 훈련이 필요하지.

 작은 일부터 내게 가져오기 시작하렴. 성적이 떨어진 일, 비 때문에 운동 경기가 취소된 일까지도 모두 이야기하렴. 아무리 작은 실망이라도 내게 중심을 두지 않고 네 생각에만 집중하게 할 수 있단다. 하지만 나와 이야기하면 네가 잃어버린 것들이 나를 아는 경이로움에 비하면 아무것도 아님을 알게 된단다.

 큰 실망이 들 때도 나를 신뢰할 수 있으려면 많은 훈련이 필요해. 하지만 계속 그렇게 훈련하면 이 세상에서 가장 위대한 것조차 나를 아는 기쁨에 비하면 시시하게 보일 거란다. 나는 너의 구원자, 너의 주님, 그리고 너의 친구니까.

함께 이야기해요

누군가가 이야기를 나누어 주지 않아서 실망한 적이 있나요? 경기에 져서 속상했던 적은 없나요? 어떻게 하면 실망스러운 일을 겪을 때도 기뻐할 수 있을까요?

부모를 위한 지저스 콜링 38

비교를 멈추어라

자신을 판단하고 평가하지 마라. 그건 네 역할이 아니다. 다른 사람과 비교하는 일을 그만두어라. 비교는 교만이나 열등감을 일으킨다. 나는 내 자녀 한 사람 한 사람을 각자에게 딱 맞는 유일한 길로 인도한단다. 비교는 잘못일 뿐 아니라 아무 의미가 없다.

자신의 평가나 다른 사람의 평가와 같은 잘못된 일에서 답을 찾지 마라. 네가 진정한 확신을 찾을 유일한 곳은 나의 무조건적인 사랑이다. 많은 그리스도인이 나를 분노에 차서 자신들의 잘못이나 실패를 찾아내려는 재판관으로 본다. 이보다 더한 거짓은 없다! 나는 네 죄 때문에 너를 내 구원의 옷으로 덧입히기 위해 죽었다. 내게 너는 공의의 겉옷을 입어 빛나는 자란다. 나는 너를 훈련하며 결코 화내지 않으며, 우리가 영원히 나눌 교제에 대비해 너를 준비시킨다. 내 사랑의 임재에 푹 잠기렴. 은혜의 보좌에서 끊임없이 흘러나오는 나의 확신을 받으렴.

함께 읽어요

내가 여호와로 말미암아 크게 기뻐하며 내 영혼이 나의 하나님으로 말미암아 즐거워하리니 이는 그가 구원의 옷을 내게 입히시며 공의의 겉옷을 내게 더하심이 신랑이 사모를 쓰며 신부가 자기 보석으로 단장함 같게 하셨음이라(이사야 61:10).

더 읽어 보세요 누가복음 6:37; 잠언 3:11-12

내 왕관의 보석

다른 사람과 비교하는 일을 그만두렴. 자신을 다른 사람과 비교하면 그들보다 자신이 낫다고 여기거나, 아니면 자신에 대해 좋지 않은 감정을 갖게 되거든. 어느 쪽이든 내가 원하는 일이 아니란다.

나는 내 자녀 한 사람 한 사람을 창조하면서 각자에게 독특한 재능을 주었어. 그리고 각 사람이 걸어가야 할 길을 주었단다. 그러니 너 자신과 누군가를 비교하는 것은 소용없는 일이야. 그 사람이 가야 할 길은 너의 길과 전혀 다르단다.

자신에 대해서 좋은 감정을 갖고 싶다면, 내가 너를 얼마나 사랑하는지 기억하렴. 나는 너를 내가 원하는 모습 그대로 만들었단다. 네게 구원을 주기 위해 내가 죽었다는 사실을 잊지 마라. 너는 내 왕관에 있는 보석이란다.

함께 이야기해요

다른 사람과 자신을 비교해 본 적이 있나요? 비교하면 어떤 기분이 드나요? 하나님이 우리 각자가 되어야 할 모습 그대로 우리를 창조하셨고, 각 사람만을 위한 독특한 계획을 가지고 계신다는 사실을 알면 어떤 기분이 드나요?

부모를 위한 지저스 콜링 39

너를 위해 준비한 일

감사하는 마음으로 나에게 나아와 네 잔에 복이 넘침을 깨달아라. 감사하면 나를 더 분명하게 느끼게 되고, 사랑이 넘치는 우리 관계 속에서 더욱 큰 기쁨이 느껴질 거다. 그 무엇도 내 사랑의 임재에서 너를 떼어놓을 수 없다. 이 사랑이 네 안전의 토대란다. 마음이 불안해지려 하거든 안전이 오직 나에게만 있음을, 또한 나는 전적으로 신뢰할 수 있음을 다시금 기억해라.

너는 결코 네 삶의 환경을 통제할 수 없지만, 나를 믿고 내 통치함 아래서 쉼을 누릴 수 있다. 예측할 수 있는 안전한 삶을 추구할 게 아니라, 나를 더 깊고 넓게 알기를 구해라. 나는 너의 삶을 영광스러운 모험으로 만들어 주고 싶은 마음이 가득하단다. 그러려면 네가 옛 방식을 그만 고집해야 하지. 나는 언제나 내 사랑하는 자 안에 새로운 일을 행하고 있다. 주변을 둘러보며 너를 위해 내가 준비한 모든 일을 유심히 살펴보렴.

함께 읽어요

보라 내가 새 일을 행하리니 이제 나타낼 것이라 너희가 그것을 알지 못하겠느냐 반드시 내가 광야에 길을 사막에 강을 내리니(이사야 43:19).

더 읽어 보세요 로마서 8:38-39; 시편 56:3-4

자녀를 위한 지저스 콜링 39

두 발로 뛰어올라 보렴

 너는 절대 네 삶을 완전히 통제할 수 없단다. 그건 불가능한 일이지. 완전히 안전하고 안정된 기분을 느끼고 싶기도 할 거야. 하지만 세세한 것들을 다 계획해도 세상은 그 계획들을 엉망으로 만든다.

 그러니 통제하려는 노력을 멈추렴. 네 삶을 완전히 안전하고 예측할 수 있게 만들려고 애쓰지 마라. 대신 내 손을 꼭 붙들고 두 발로 뛰어올라 보렴. 나는 너를 완전하게 사랑하며, 너에게 가장 좋은 것만을 원한단다. 네 삶이 새로운 일로 가득한 놀라운 모험이 되었으면 좋겠구나. 그러려면 먼저 네가 옛 방식으로 일하는 습관을 버려야 한단다. 그런 다음 내 손을 잡고, 너를 위해 내가 준비한 새로운 일을 신나게 찾아보는 거야!

함께 이야기해요

예수님과 함께 모험을 떠날 준비가 되었나요? 우리를 위해 예수님이 준비하신 위대한 모험은, 그분이 이끄시는 곳이라면 어디든 따라가는 거예요. 예수님의 손을 잡고 평생 멋진 모험을 계속하려면 무엇을 버려야 할 것 같나요?

부모를 위한 지저스 콜링 40

내가 너를 이해한단다

　나와 친밀하게 지내는 것을 결코 당연시하지 마라. 끊임없이 너와 함께하는 내 경이로운 임재에 감탄하렴. 인간이 아무리 열렬하게 너를 사랑해도 언제나 너와 함께하지는 못한다. 또한 다른 사람은 네 마음과 생각, 영혼의 필요를 친밀하게 다 알지 못한다. 하지만 나는 너의 머리털이 몇 개인지도 다 알 정도로 너에 대해 모든 것을 안단다. 그러니 나에게 너를 알리려 애쓰지 않아도 된다.

　많은 사람이 평생을 바치거나 상당한 돈을 써 가면서 자신을 이해해 줄 사람을 찾는다. 그런데 내 이름을 부르는 자, 곧 마음을 열어 나를 구원자로 받는 자는 언제든 자유롭게 나를 만날 수 있다. 이 단순한 믿음의 행위는 평생 이어질 사랑 이야기의 시작이다. 네 영혼을 사랑하는 나는 너를 완벽하게 이해하며 영원히 사랑한단다.

함께 읽어요

너희에게는 심지어 머리털까지도 다 세신 바 되었나니 두려워하지 말라 너희는 많은 참새보다 더 귀하니라(누가복음 12:7).

더 읽어 보세요 시편 145:18; 요한복음 1:12; 로마서 10:13

자녀를 위한 지저스 콜링 40

네 머리카락 하나까지

너보다 내가 너를 더 잘 안단다. 누구보다 너를 잘 알지. 너의 부모님, 가장 친한 친구, 형제자매도 항상 너와 함께하지는 못할 거야. 하지만 나는 언제나 너와 함께 있어. 그리고 매 순간 네 모든 생각과 기분, 소망과 꿈을 안단다. 네 머리카락이 몇 개인지도 알 만큼 나는 너에 대해 세세하게 다 알아.

나는 너를 알 뿐 아니라 너를 이해한단다. 네가 말로 표현하지 못하는 모든 이유와 방법을 다 알며, 네 마음속에 있는 모든 것을 다 이해하지.

많은 사람이 평생을 바쳐 자신을 진정으로 이해해 줄 사람을 찾는구나. 하지만 네가 해야 할 일은 나에게 마음을 열고 내 이름을 부르는 거란다. 이 단순한 믿음의 행동만으로도 충분하지. 나는 너를 완벽하게 이해하며 영원히 사랑한단다.

함께 이야기해요

예수님은 우리의 행동과 생각, 기분, 세세한 부분까지 모든 것을 완전하게 알고 계세요. 이 사실을 알고 나니 기분이 어떤가요? 또한 예수님이 우리를 완전하게 이해하신다는 사실에 어떤 느낌이 드나요? 예수님은 우리를 언제까지 사랑해 주실 것 같나요?

부모를 위한 지저스 콜링 41

염려와 불안에서 벗어나라

오직 나만을 예배해라. 마음을 가장 크게 차지하는 대상이 네 신이 된다. 염려에 빠지면 어느새 그 염려가 우상으로 발전한단다. 불안은 자체적으로 생명력을 얻어 기생충처럼 네 마음에 들끓게 되지. 나를 향한 신뢰를 확인하고, 내 임재 안에서 너 자신을 새롭게 함으로 이 굴레에서 벗어나라.

마음에서 일어나는 일은 눈에 보이지 않기 때문에 다른 사람은 알아차리지 못하지. 그러나 나는 계속해서 네 생각을 읽고, 나를 신뢰하는 증거를 찾는단다. 네 마음이 내게로 향할 때 정말 기쁘다. 생각을 부지런히 지키렴. 생각을 잘 선택하면 계속 내 곁에 가까이 머물게 된단다.

함께 읽어요

그는 흉한 소문을 두려워하지 아니함이여 여호와를 의뢰하고 그의 마음을 굳게 정하였도다(시편 112:7).

더 읽어 보세요 고린도전서 13:11; 시편 139:23-24

자녀를 위한 지저스 콜링 41

걱정거리를 예배하지 마라

걱정거리를 예배한다고? 정말 말도 안 되는 소리 같지? 하지만 가장 많이 생각하는 것이 네 신이 되고, 그것을 예배하게 된단다. 네 생각이 걱정으로 가득하다면, 걱정을 예배하고 있는 셈이지.

네가 걱정에서 벗어났으면 좋겠구나. 어떻게 하면 되냐고? 나를 신뢰하고, 나에 대해 생각하고, 오직 나만을 예배하렴. 그 누구도 네 마음에서 일어나는 일을 알지 못한단다. 친구도, 선생님도, 심지어 부모님도 말이야. 하지만 나는 네 모든 생각을 안단다. 그러니 어떤 생각을 할지 조심스럽게 잘 선택하렴. 나는 끊임없이 네 생각을 들여다보면서 나를 신뢰하는 증거를 찾는단다. 네가 나를 생각할 때 정말 기쁘구나! 나를 더 많이 생각하겠다고 선택하렴. 그러면 계속 내 곁에 가까이 있게 된단다.

함께 이야기해요

걱정이 생각을 온통 차지할 것 같나요? 걱정거리를 생각하는 대신 예수님을 생각하면 어떤 것이 달라질까요? 문제를 염려하는 대신 예수님을 생각하면 그분을 신뢰하는 데 어떤 도움이 될까요?

부모를 위한 지저스 콜링 42

나는 결코 변하지 않는다

무서운 속도로 변화하는 세상에서 나는 결코 변하지 않는 하나님이다. 나는 알파와 오메가요, 처음과 마지막이요, 시작과 마침이다. 내 안에서 네가 갈망하는 안정을 찾아라.

나는 나의 완벽함을 그대로 담아 아름답게 질서 잡힌 세상을 창조했다. 그러나 지금 이 세상은 죄악의 속박 아래 매여 있다. 이 땅에 사는 모든 사람이 불확실성이라는 사지에 처해 있다. 이 같은 치명적인 위협에서 벗어나는 유일한 길은 내게 더욱 가까이 오는 것뿐이다. 내 임재 안에서는 완벽한 평안을 누리며 불확실성에 담대히 맞설 수 있다.

함께 읽어요

나는 알파와 오메가요 처음과 마지막이요 시작과 마침이라(요한계시록 22:13).

더 읽어 보세요 로마서 5:12; 요한복음 16:33

자녀를 위한 지저스 콜링 42

나는 똑같단다

날씨, 친구, 때로는 가족들까지 모든 것이 변화하는 세상에서 나는 절대 변하지 않는 하나님이란다. 나는 이 세상이 시작되었을 때와 똑같고, 세상이 끝나는 날까지도 한결같을 거야. 그러니 언제나 나를 믿어도 된단다.

나는 너를 위해 아름답고 완벽한 세상을 만들었어. 그러나 죄가 들어오면서 세상이 끊임없이 바뀌고 있지. 이 세상에는 처음 그대로이거나 확실한 것이 하나도 없단다. 하지만 내가 이미 세상을 이겼음을 기억하고, 내 옆에 꼭 붙어 있으렴. 절대 변하지 않고, 언제나 너를 사랑하는 내 임재 안에서 평안을 누리며 이 세상의 변화에 맞설 수 있을 거야.

함께 이야기해요

변하는 것은 어떤 것들이 있을까요? 예수님은 절대 변하지 않으세요. 끊임없이 변화하는 세상과 예수님은 어떻게 다를까요? 그것이 왜 그렇게 중요할까요?

부모를 위한 지저스 콜링 43

구분된 시간

거룩해지는 시간을 가져라. 거룩하다는 말은 착한 척한다는 뜻이 아니며, 신성하게 사용하기 위해 따로 구분하는 걸 의미한다. 내 임재 안에서 조용히 묵상하는 중에 네 안에서는 바로 이 일이 이루어진다. 생각과 마음을 내게 집중함으로써 변화되어 너는 내가 태초에 계획한 모습으로 다시 창조된다. 이 과정을 위해서는 나와 교제하기 위한 시간을 따로 마련해 두어야 한다.

이 훈련이 주는 유익은 끝없단다. 우선 내 임재의 빛 안에 푹 잠김으로 감정적이고 신체적인 치유가 강하게 일어난다. 또한 나와 가까이 있으면서 믿음이 강해지고 평안을 경험할 수 있다. 나아가 마음을 활짝 열어 내가 준비한 수많은 복을 받게 된단다. 너는 성령의 정결한 전이 되며, 나의 영은 네 안에서 너를 통해 네가 구하거나 생각하는 모든 것에 더 넘치도록 행할 수 있다. 내 임재 안에 가만히 머무는 시간이 주는 유익은 훨씬 많다. 이것들은 단지 일부일 뿐이란다.

함께 읽어요

너희 몸은 너희가 하나님께로부터 받은바 너희 가운데 계신 성령의 전인 줄을 알지 못하느냐 너희는 너희 자신의 것이 아니라(고린도전서 6:19).

더 읽어 보세요 데살로니가후서 1:10; 시편 27:4; 에베소서 3:20

자녀를 위한 지저스 콜링 43

거룩해지는 시간

거룩해지는 시간을 가지렴. 어떻게 하면 될까? 거룩하다는 말은 착한 척한다는 뜻이 아니며, 네가 다른 사람들보다 낫다고 생각하는 것도 아니란다. 거룩해진다는 것은 나에게 쓰임 받기 위해 너를 따로 구분하는 걸 말해.

나와 함께 조용히 시간을 보내렴. 네 마음과 생각 속에서 내가 일할 거란다. 나는 내가 계획한 모습으로 너를 다시 창조하고 있어. 나와 함께하는 시간을 충분히 마련해 두렴. 나와 가까이 있으면서 믿음이 강해지고 평안을 느낄 수 있을 거야. 또한 내가 주고 싶어 하는 많은 복을 받을 준비가 되지.

거룩해지기 위해 시간을 낼 때, 네 마음은 성령의 깨끗한 전이 된단다. 성령님은 네 안에서 너를 통해 네가 구하거나 상상하는 것보다 더 많은 일을 하실 수 있어. 그러니 나와 함께하는 시간을 가지렴. 절대 후회하지 않을 거란다.

함께 이야기해요

거룩해진다는 것은 무슨 뜻인가요? 우리 몸이 성령의 전이라는 사실로 인해 자신에 대한 생각이 어떻게 달라졌나요? 거룩해지기 위해 시간을 낼 때, 예수님은 우리를 통해 무슨 일을 하실 수 있을까요?

부모를 위한 지저스 콜링 44

잠시 받는 가벼운 고난

모든 것을 점점 더 내 관점으로 보려고 노력해라. 내 임재의 빛이 네 마음을 가득 채워서 나를 통해 세상을 보도록 해라. 사소한 일들이 네가 바라는 대로 되지 않을 때는 낙천적인 마음으로 나를 바라보며 "뭐 그럴 수도 있죠."라고 고백하렴. 이 간단한 훈련으로 사소한 걱정과 좌절이 쌓이고 쌓여 무겁게 너를 짓누르는 일이 없도록 미리 막을 수 있단다.

이 훈련을 부지런히 연습하면 삶에서 변화가 일어날 것이다. 걱정하는 일 대부분이 사실 그리 중요하지 않다는 것을 깨닫게 되지. 어깨를 으쓱하며 그것들을 털어 버리고 다시 내게 집중하면, 훨씬 가벼운 발걸음과 기쁜 마음으로 오늘을 걷게 된단다. 정말 심각한 문제를 대비해 힘을 더 많이 모아 두는 셈이지. 그러면서 사소한 문제에 에너지를 낭비하지 않게 될 것이다. 네가 받는 고난은 그 고난을 통해 성취되는 영원한 영광에 비하면 잠시뿐이며, 가볍다고 고백한 사도 바울의 경지에 이를 수도 있단다.

함께 읽어요

사람의 걸음은 여호와로 말미암나니 사람이 어찌 자기의 길을 알 수 있으랴(잠언 20:24).

더 읽어 보세요 시편 36:9; 고린도후서 4:17-18

자녀를 위한 지저스 콜링 44

떨쳐 버려라

나에게 네 인생에 대한 완벽한 계획이 있단다. 그러니 나를 신뢰하고, 모든 것을 내 관점에서 보려고 노력해라. 일이 생각대로 되지 않을 때는 그것을 떨쳐 버리렴. 나를 올려다보면서 어깨를 한번 으쓱하고 "뭐 그럴 수도 있죠."라고 웃으며 말하는 거야. 그런 다음에는 그것을 다 잊고 계속 나아가렴.

이 간단한 믿음의 행동으로 사소한 좌절이 너를 짓누르지 못하게 할 수 있단다. 계속 이렇게 연습하면 걱정하는 일 대부분이 사실 그리 중요하지 않다는 걸 알게 될 거야. 그러면서 그 일에 에너지와 시간을 낭비하지 않게 될 거란다. 정말 큰 문제를 다룰 힘도 갖게 되지. 혹시 지금 너를 괴롭히는 문제가 있다면 떨쳐 버리렴. 그리고 나와 함께 나아가자꾸나.

함께 이야기해요

일이 계획한 대로 되지 않을 때 주로 무엇을 하나요? 그것을 떨쳐 버릴 수 있나요? 예수님이 내 인생에 대한 완벽한 계획을 가지고 계신다는 것을 알면, 사소한 일에 대해 걱정하며 시간을 낭비하지 않게 될까요?

부모를 위한 지저스 콜링 45

나와 계속 소통하자

나와 날마다 교제하며 살자꾸나. 어지러운 삶의 자리에서 부대끼며 사는 동안에도 환경을 초월해 사는 법을 배우게 될 것이다. 나와 끊임없이 소통하기 위해 단순한 삶을 갈망한다는 걸 안다. 하지만 어수선하지 않은 세상을 바라는 환상을 버리라고 너에게 도전한다. 하루하루를 있는 모습 그대로 받아들이되, 그 가운데 거하는 나를 찾아라.

네 기분은 물론이고 하루 일을 아주 세세한 것까지 나와 이야기 나누렴. 우리 관계의 궁극적인 목적은 주변의 모든 것을 통제하고 고치는 것이 아니라, 끊임없이 소통하는 것임을 명심해라. 하루 동안 미처 마치지 못한 일이 많더라도, 나와 계속 소통했다면 성공적인 하루를 보낸 것이다. 해야 할 일 목록이 네 삶을 좌지우지하는 우상이 되어서는 안 된다. 대신 나의 영에게 매 순간 인도해 달라고 구하렴. 그가 너를 내 곁에 가까이 둘 거란다.

함께 읽어요

쉬지 말고 기도하라(데살로니가전서 5:17).

더 읽어 보세요 잠언 3:6; 갈라디아서 5:25

자녀를 위한 지저스 콜링 45

모든 일을 이야기해 주렴

나는 네 소식을 기다린단다. 오늘 일어난 일을 세세하게 이야기해 주렴. 집과 학교에서 무슨 일이 있었는지, 그때 기분이 어땠는지 다 알고 싶구나. 중요한 일, 사소한 일, 네가 이해할 수 없는 이상한 일까지 모두 이야기해 주렴. 나는 네가 빨리 이야기를 들려주고 싶은 가장 좋은 친구가 되길 원한단다.

네가 어떤 일이든 완벽하게 해내길 바라는 게 아니다. 삶에서 일어나는 모든 일에 대해 기도하며 그저 내게 가까이 오길 바랄 뿐이란다. 좋은 일이든, 나쁜 일이든, 아무에게도 말 못 하는 일이든 다 기도하며 내게 이야기해 주렴.

좋은 하루란 모든 일이 네 마음대로 되는 날이 아니야. 나와 계속 소통하며 지내는 날이 정말 좋은 하루란다. 나에게 이야기하면 내 영이 매 순간 네 모든 발걸음을 인도해 줄 거야.

함께 이야기해요

친구 또는 부모님과 얼마나 자주 이야기를 나누나요? 그들에게 하루 일을 아주 세세한 것까지 이야기하나요? 예수님은 우리가 그분께 어떤 이야기를 하길 바라실까요? 혹시 예수님께 하지 말아야 할 이야기가 있나요?

부모를 위한 지저스 콜링 46

너를 내 손바닥에 새겼다

그 무엇도 너를 내 사랑에서 끊을 수 없다. 이 신성한 확언이 네 생각을 통해 마음과 영혼에 흘러들도록 해라. 두렵고 불안할 때는 절대적인 이 약속을 되뇌며 "예수님, 그 무엇도 저를 당신의 사랑에서 끊을 수 없습니다."라고 반복하렴.

인류의 비극은 대부분 사랑받지 못한다는 감정에서 비롯된단다. 역경의 한가운데서 사람들은 사랑이 퇴색하고 버림받았다고 느끼지. 버림받았다는 이 감정은 종종 역경보다 더 끔찍하다. 나는 단 한 순간도 내 자녀를 포기하지 않는다. 너를 떠나지 아니하며 너를 버리지 않는다. 내 임재가 너를 끊임없이 지켜보고 있지. 내가 너를 내 손바닥에 새겼단다.

함께 읽어요

네 평생에 너를 능히 대적할 자가 없으리니 내가 모세와 함께 있었던 것같이 너와 함께 있을 것임이니라 내가 너를 떠나지 아니하며 버리지 아니하리니(여호수아 1:5).

더 읽어 보세요 로마서 8:38-39; 이사야 49:15-16

자녀를 위한 지저스 콜링 46

나는 절대 너를 떠나지 않는단다

그 무엇도 너를 내 사랑에서 끊을 수 없단다. 누군가의 괴롭힘도, 힘든 시간도, 심지어 사탄도 아무것도 할 수 없지. 나는 절대 너를 떠나지 않는단다.

이 세상에 일어나는 불행은 대부분 외롭고 사랑받지 못한다는 감정에서 시작된다. 특히 힘겨운 시간을 보낼 때, 사람들은 내가 자신들을 혼자 내버려 두었다고 느끼곤 하지. 그런 기분은 지금 겪고 있는 문제보다 더 끔찍할 수 있단다. 하지만 꼭 기억하렴. 나는 단 한 순간도 너를 떠나지 않는단다. 너를 끊임없이 지켜보고 있지. 외롭고 무서울 때는 내게 위로해 달라고 기도하렴. 그리고 이 약속을 반복해서 말하렴. "예수님, 그 무엇도 저를 당신의 사랑에서 끊을 수 없어요. 예수님은 절대 저를 떠나지 않으세요."

함께 이야기해요

이 두 약속을 떠올려 보세요. 그 무엇도 우리를 예수님의 사랑에서 끊을 수 없어요. 그리고 예수님은 절대 우리를 떠나지 않으세요. 이 약속을 통해 예수님이 우리를 어떻게 생각하시는지 알게 되었나요? 이 약속은 힘겨운 시간을 보낼 때 어떤 도움이 될까요?

모든 일에는 때가 있다

때가 이르기 전에 일을 해결하려고 애쓰지 마라. 한 번에 하루씩 살아 내야 한다는 것을 받아들여라. 혹시 어떤 일이 생기거든 꼭 오늘 해야 하는 일인지 내게 물어보렴. 오늘 감당할 일이 아니라면, 내가 살피도록 내려놓고 너는 오늘 해야 할 일을 계속해라. 이 방법을 따르면 삶에 놀라운 단순함이 생겨 일의 기한을 누리게 되고, 모든 일을 때에 맞춰 하게 되지.

나와 친밀하게 사는 삶은 복잡하거나 어수선하지 않다. 네 초점을 나의 임재에 놓을 때는 한때 너를 힘들게 했던 많은 문제가 그 힘을 잃게 된다. 주변 세상이 엉망진창이 되고 혼란스러울 때는 내가 세상을 이겼음을 기억해라. 이 말을 하는 것은 네가 내 안에서 평안을 누리게 하려 함이란다.

함께 읽어요

범사에 기한이 있고 천하만사가 다 때가 있나니(전도서 3:1).

더 읽어 보세요 전도서 8:6-7; 요한복음 16:33

모든 일에는 다 때가 있단다

때가 오기 전에 일을 해내려고 애쓰지 마라. 예를 들어, 금요일에 있는 수학 시험을 목요일에 볼 수는 없는 것처럼, 8월에 있는 친구의 생일을 6월에 축하할 수는 없는 것처럼 정확한 때가 되기 전에는 네가 나의 뜻을 이룰 수 없단다.

한 번에 하루씩 살아야 한다는 걸 받아들이렴. 어떤 일이 생기면 오늘 너를 위해 내가 계획한 일인지 물어보렴. 오늘 해야 하는 일이 아니라면 나를 믿고 내게 맡겨라. 그리고 그 일은 잊어버리고 오늘 해야 할 일에 집중하는 거야. 그러면 삶이 훨씬 덜 복잡하고 혼란스럽지 않게 될 거란다.

모든 일에는 다 때가 있다. 내가 원하는 모든 일을 정확한 때에 할 수 있도록 너를 도와줄게.

함께 이야기해요

오늘이 여러분의 생일이었으면 좋겠나요? 생일이 아닌 날을 생일로 정할 수는 없겠죠? 예수님이 정하신 때는 완벽하고 바꿀 수 없다는 것을 알지만, 기다리기 힘들 때도 있을 거예요. 그럴 때는 어떻게 하면 좋을까요?

부모를 위한 지저스 콜링 48

여호와의 선하심

나의 선함을 맛보아 깨달아라. 이 명령은 살아 있는 내 임재를 경험하라는 초대를 포함한다. 약속도 포함한다. 나를 경험할수록 내 선함을 더욱 확신하게 된다는 뜻이다. 이 사실을 아는 지식은 믿음의 걸음을 걷는 데 꼭 필요하다.

역경에 처하면 인간은 본능적으로 내 선함을 의심하지. 나를 친밀히 아는 사람들에게조차 내 길은 이해하기 힘들다. 하늘이 땅보다 높은 것처럼 내 길은 너의 길보다 높으며, 내 생각은 너의 생각보다 높단다. 내 길을 헤아리려고 하지 마라. 시간을 내어 나를 즐거워하고, 나의 선함을 경험했으면 좋겠구나.

함께 읽어요

너희는 여호와의 선하심을 맛보아 알지어다 그에게 피하는 자는 복이 있도다(시편 34:8).

더 읽어 보세요 이사야 55:8-9; 시편 100:5

나는 선하단다

나는 선하단다. 오늘도 나와 함께 걸으며 직접 확인해 보렴. 나와 더 많은 시간을 보낼수록 내가 얼마나 선한지 더 잘 알게 될 거야. 너에게 선한 일만 하겠다고 약속할게.

힘든 시간이 오면 많은 사람이 내 선함을 의심하기 시작한다. 하지만 문제와 고난은 이 불완전한 세상에서 만나는 삶의 일부분일 뿐이야. 나는 네게 일어나는 문제들을 네 믿음을 키우는 데 사용할 수 있단다.

그 상황이 항상 이해되지는 않을 거야. 그 일들이 왜 일어나는지 늘 이해할 수는 없겠지. 나는 하나님이란다. 내 생각과 내 길은 네 생각보다 엄청나게 크고 복잡하지. 이해할 수 없을 때는 그저 내가 선하며, 네 삶을 위해 항상 선한 일을 행하는 하나님임을 신뢰하렴.

함께 이야기해요

하나님이 선하시다는 말은 무슨 뜻일까요? 하나님의 선하심을 깨닫기가 가장 쉬울 때는 언제인가요? 또 가장 어려울 때는 언제인가요? 가장 힘든 시간에도 하나님의 선하심을 깨달으려면 어떻게 해야 할까요?

부모를 위한 지저스 콜링 49

한 번에 한 걸음씩

나와 함께 오늘 하루를 평안하게 걸어가자. 너는 다가올 모든 일을 어떻게 처리할지 궁리하고 있지만, 오늘도 다른 날처럼 한 번에 한 걸음씩 걸어야 한단다. 이런저런 일을 어떻게 해야 할지 머릿속으로 예행연습을 하는 대신, 내 임재와 바로 다음번 걸음을 내딛는 일에 집중해라. 해야 할 일이 많은 날일수록 내게서 더 많은 도움을 기대하렴. 이 기회는 곧 훈련이니, 네 목자이신 왕에게 깊이 의존하도록 너를 지었기 때문이다. 힘겨운 시간은 내 도움이 필요하다는 것을 더욱 깨닫게 한다.

무엇을 해야 할지 잘 모를 때는 내가 앞길을 열 때까지 기다리렴. 내 능력을 신뢰하면서 인도함에 순종할 준비를 해라. 내가 너에게 힘을 줄 것이요, 평강의 복을 더할 것이다.

함께 읽어요

여호와께서 자기 백성에게 힘을 주심이여 여호와께서 자기 백성에게 평강의 복을 주시리로다(시편 29:11).

더 읽어 보세요 출애굽기 33:14; 신명기 33:25; 히브리서 13:20-21

자녀를 위한 지저스 콜링 49

힘든 일은 사실 기회란다

나와 함께 오늘 하루를 평안하게 걷자꾸나. 너는 해야 할 모든 일을 어떻게 처리할지 생각하고 있지만, 사실 오늘을 보내는 방법은 한 가지뿐이란다. 한 번에 한 걸음씩 걷는 거지. 물론 다른 날도 마찬가지야.

마치 연극을 준비하는 것처럼 이런저런 일을 어떻게 해야 할지 연습하고 있구나. 그렇게 시간을 낭비하는 대신 내게 의지하렴. 내게 기도하면 너를 인도해 주겠다.

나와 함께 걸을 때 가장 좋은 점은, 힘든 날일수록 내 능력을 더 많이 볼 수 있다는 거야. 일이 어려울수록 내가 더 많이 도와줄 수 있단다. 힘든 일이 생기면 평소보다 나를 더 많이 의지할 기회라고 생각하렴.

무엇을 해야 할지 잘 모를 때는 나를 기다려라. 내 능력을 확실히 알게 될 거야. 내가 인도하는 대로 따라올 준비를 하렴. 우리가 함께 맞이하는 오늘 하루 동안 내가 너에게 힘을 주고, 평강의 복을 줄 거란다.

함께 이야기해요

해야 할 일이 많아서 어떻게 해야 할지 모를 때면 무작정 그 일로 뛰어드나요? 아니면 예수님께 정말 해야 할 일이 무엇인지 알려 달라고 기도하나요? 예수님과 대화하면 그 어떻게 해야 할지 모르는 기분을 없앨 수 있을까요?

부모를 위한 지저스 콜링 50

너에게는 내가 필요하다

너에게는 매 순간 내가 필요하단다. 항상 내가 필요하다는 깨달음이 너에게 가장 큰 힘이다. 이 필요를 잘 다루면 내 임재로 향하는 연결 통로가 되지. 그러나 그 길에는 자기 연민, 자기 집착, 포기 등 경계해야 하는 함정이 있다.

무능함은 나를 의지할지, 아니면 절망할지 자꾸만 저울질하게 만든다. 네 안의 공허감은 문제로 채워지든지, 아니면 내 임재로 채워지지. 내가 네 의식의 중심에 자리할 수 있도록 쉬지 말고 기도해라. 지금 현재의 순간에 흘러나오는 단순하면서도 짧은 기도를 계속하렴. 내 이름을 자유롭게 사용해서 나의 임재를 계속 기억해라. 구하면 받으리니 네 기쁨이 충만할 것이다.

함께 읽어요

지금까지는 너희가 내 이름으로 아무것도 구하지 아니하였으나 구하라 그리하면 받으리니 너희 기쁨이 충만하리라(요한복음 16:24).

더 읽어 보세요 시편 86:7; 데살로니가전서 5:17

자녀를 위한 지저스 콜링 50

빈 공간

나는 네가 무언가를 필요로 하도록 만들었단다. 네 안에는 빈 공간이 있어. 너는 그 공간을 물건으로, 친구들로, 심지어 죄로 채우려 애쓰지. 잠깐은 효과가 있을지 몰라도 그것들은 금방 너를 실망하게 하고, 이전보다 더 공허한 기분에 빠지게 할 거야. 네 안의 빈 공간을 채울 수 있는 존재는 오직 나뿐이란다.

너에게는 매일 매 순간 내가 필요하다. 그러니 항상 나를 찾고 기도하렴. 기도는 꼭 길게 하지 않아도 돼. 화려한 문장으로 할 필요도 없지. 지금 이 순간에 일어나고 있는 일들에 대해 단순하면서도 짧게 기도하면 된단다. 네가 나를 생각하고 있다는 걸 알려 주렴. 단순하게 내 이름을 부르거나, 성경 구절을 작게 읊조려도 괜찮아. 쉬지 말고 계속 내게 이야기하렴. 내가 항상 듣고 있단다.

함께 이야기해요

데살로니가전서 5장 17절은 "쉬지 말고 기도하라"는 말씀이에요. 평소에 어떻게 기도하나요? 고개를 숙인 채 눈 감고 기도하는 방법밖에 없을까요? 쉬지 않고 계속 기도하려면 어떻게 해야 할까요?

부모를 위한 지저스 콜링 51

누구를 통해 너를 보느냐?

다른 사람의 시선으로 너 자신을 바라보지 않도록 주의해라. 다른 사람들이 실제로 어떻게 생각하는지 분별하기란 거의 불가능하다. 그뿐 아니라 너에 대한 타인의 시각은 각 사람의 영적, 정서적, 신체적 상태에 따라 달라진다. 다른 사람들이 네가 어떤 사람인지 규정하도록 내버려 두는 일의 가장 큰 문제는 이 일이 우상 숭배에 가깝다는 점이다. 다른 사람들을 기쁘게 하려는 마음이 너의 창조주인 나를 기쁘게 하려는 욕구를 꺾기 때문이다.

내 시선으로 너 자신을 보는 것이 훨씬 실제적이다. 너를 바라보는 내 시선은 한결같고 확실하며, 죄로 물들지 않았다. 내 시선을 통해 너를 보면 깊이 있게 영원히 사랑받는 존재인 너를 볼 수 있다. 사랑을 담아 너를 바라보는 내 시선에서 쉬면서 깊은 평안을 받아라. 영과 진리로 나에게 예배하며 너를 사랑하는 내 임재에 응답하렴.

함께 읽어요

믿음이 없이는 하나님을 기쁘시게 하지 못하나니 하나님께 나아가는 자는 반드시 그가 계신 것과 또한 그가 자기를 찾는 자들에게 상 주시는 이심을 믿어야 할지니라(히브리서 11:6).

더 읽어 보세요 로마서 5:5; 요한복음 4:23-24

사람들의 비위를 맞추는 사람

사람들의 비위를 맞추려고 하지 마라. 다른 사람들을 기쁘게 하려고 애쓰는 사람은 그들이 자신의 삶을 결정하도록 내버려 둔단다. 예를 들면 이런 식으로 생각하지. '이 옷을 입어야 해. 그래야 친구들이 나와 놀 거야.' '저 아이들과 앉을 수 없어. 모두 내가 실패자라고 생각할 거야.' '저 일은 하기 싫지만, 하지 않으면 사람들과 어울릴 수 없을 거야.'

다른 사람들의 비위를 맞추려다 보면 무섭고 위험한 상황에 빠질 수 있어. 사람들은 완벽하지 않기 때문이야. 그들의 판단은 완벽하지 않아. 언제나 그들이 너에게 가장 좋은 일을 바라는 것도 아니지. 그뿐 아니라 그들이 너를 정말 어떻게 생각하는지 알 수 없어. 그래서 사람들의 비위를 맞추는 것은 어리석은 일이란다.

나를 기쁘게 하려는 삶을 살도록 하렴. 오직 나만이 완벽하며, 너를 완전하게 돌본단다. 다른 사람들의 눈으로 너 자신을 보거나, 그들의 의견을 내 의견보다 중요하게 여기지 말고, 나의 눈으로 너를 보렴. 깊고 완벽하게 사랑받는 하나님의 자녀를 보게 될 거란다.

함께 이야기해요

다른 사람들로 하여금 여러분을 좋아하게 만들려고 잘못된 일인 줄 알면서도 한 일이 있나요? 그랬더니 모두가 여러분을 좋아하게 되었나요? 하나님은 사람들의 비위를 맞추려 하지 말라고 하셨어요. 하나님은 우리가 누구를 기쁘게 하길 원하실까요?

부모를 위한 지저스 콜링 52

온전한 사랑

나의 사랑이 존재의 내면 깊숙한 곳까지 스며들게 하렴. 너의 어떤 모습도 나에게 숨기지 마라. 너를 안팎으로 잘 알기에 내게 '잘 포장된' 모습을 보이려고 애쓰지 않아도 된다. 내 사랑의 빛에 드러나지 않은 상처는 곪아서 구더기가 슬게 된다. 나에게 '숨긴' 비밀스러운 죄는 분열 후 각각 기운이 더 세져서 미처 의식하지도 못하는 사이 너를 통제한다.

너를 변화시키는 내 임재에 너를 온전히 맡겨라. 눈부신 내 사랑의 빛이 숨겨진 두려움을 찾아내 없애도록 해주렴. 이렇게 하려면 나와 단둘이 보내는 시간이 필요하다. 내 사랑이 가장 깊은 존재 속으로 스며들어야 하기 때문이다. 두려움을 내쫓는 온전한 사랑을 누려라.

함께 읽어요

사랑 안에 두려움이 없고 온전한 사랑이 두려움을 내쫓나니 두려움에는 형벌이 있음이라 두려워하는 자는 사랑 안에서 온전히 이루지 못하였느니라(요한일서 4:18).

더 읽어 보세요 시편 139:1-4, 23-24

자녀를 위한 지저스 콜링 52

내 사랑 안에서 쉬렴

눈을 감고 따뜻한 여름비를 맞으며 밖에 서 있다고 상상해 보렴. 빗방울이 너를 흠뻑 적신다고 머릿속에 그려 봐라. 내 사랑도 그 비와 똑같이 할 수 있게 해주렴. 너를 흠뻑 적셔서 숨겨진 두려움을 씻어 낼 수 있도록 말이야.

나에게 뭔가를 숨기려 해도 소용없단다. 나는 너에 대해 이미 모든 것을 알고 있으며, 여전히 너를 사랑해. 너의 어떤 모습을 숨기려고 하면, 오히려 네가 더 아프게 될 거야. 상처와 실망은 네 마음을 분노와 쓰라림으로 물들게 하지. 비밀스러운 죄는 힘이 더 세져서 미처 알아차리기도 전에 너를 지배한단다.

나에게 아무것도 숨기지 말고 나를 네 안으로 초대해 주렴. 부정적인 생각과 기분을 내게 모두 보여 주렴. 나와 함께 시간을 보내면 내 사랑의 빛이 그것들을 내쫓을 거야. 내 온전한 사랑 안에서 편히 쉬렴. 내 사랑이 모든 두려움을 몰아낸단다.

함께 이야기해요

하나님께 숨기고 싶은 비밀과 두려움, 또는 죄가 있나요? 그것들을 하나님과 나누어 보세요. 하나님은 모든 것을 알고 계신답니다. 우리를 향한 하나님의 사랑은 그것들 때문에 변하지 않아요. 하나님께 모두 말씀드리는 것이 어떻게 두려움을 쫓아낼 수 있을까요?

부모를 위한 지저스 콜링 53

내가 선택한 길

너는 내가 선택한 인생길 위에 있다. 네 삶에 아무 일이나 일어나는 법은 없지. 우리 인생은 '지금 여기'의 연속으로 이루어져 있다. 많은 사람이 손가락 틈새로 물 빠져나가듯 일상의 시간을 낭비한다. 미래를 걱정하거나 지금보다, 여기보다 더 나은 시간과 장소를 기대하면서 현재를 회피하곤 하지. 자신들이 시간과 장소에 제한을 받을 수밖에 없는 피조물이라는 점을 잊는다. 그렇게 오직 '지금 여기'에만 동행하는, 자신들을 지은 창조주를 기억하지 못하지.

나와 친밀한 교제를 누리는 이들에게는 매 순간 내 영광스러운 임재가 생생히 나타난단다. 나와 열정적으로 교제할수록 세상일을 걱정할 시간 따위는 도무지 없음을 깨닫게 될 것이다. 그렇게 해서 내 영이 너의 발걸음을 인도해 평강의 길을 걷도록 하는 자유를 얻는 거란다.

함께 읽어요

어둠과 죽음의 그늘에 앉은 자에게 비치고 우리 발을 평강의 길로 인도하시리로다 하니라(누가복음 1:79).

더 읽어 보세요 누가복음 12:25-26; 유다서 24-25

지금 여기

나는 사랑을 다해 네 인생의 길을 만들어 왔단다. 우연히 일어난 일은 아무것도 없지. 일이 꼬이는 것도, 일이 일어나는 순서도, 모두 내 계획의 일부란다.

네 앞길에 무슨 일이 있을지 미리 알려고 하지 마라. 자꾸 지난 일을 돌아보지도 마라. 네가 살 수 있는 곳은 '지금 여기'뿐이란다. 계속 과거나 미래를 바라보면, 손가락 사이로 물 빠져나가듯 오늘이라는 시간을 낭비하게 되지. 지난주에 시험을 망친 일도, 다음 주에 친구 생일 파티에 초대받을지도 미리 걱정하지 마라. 지난 일이나 앞으로 다가올 일에 대한 걱정을 내려놓으면 '지금 여기'를 자유롭게 누릴 수 있단다.

'오늘'은 내 영광스러운 임재가 가득하며, 내가 주는 복이 넘치는 날이야. 또한 나의 평안을 주는 날이기도 하단다.

함께 이야기해요

일이 잘못될 줄 알았는데 결국 잘되었던 적은 없나요? 가끔 무슨 일이 일어날지 걱정하지는 않나요? 그 걱정하는 일이 실제로 얼마나 자주 일어나나요? 아마 거의 일어나지 않을 거예요! 그래서 하나님은 하루하루 그분을 신뢰하며 살라고 말씀하시는 거랍니다.

부모를 위한 지저스 콜링 54

어떤 상황에서도 자족하는 비밀

내 안에서 항상 기뻐해라! 무슨 일이 일어나든 우리 사랑의 관계 안에서 기뻐할 수 있단다. 어떤 상황에서도 자족하는 비밀이 여기에 있지. 많은 사람이 마침내 자신들이 행복해질 날을 꿈꾼다. 빚을 다 갚고, 자녀들의 문제가 해결되고, 여가를 더 즐길 수 있기를 꿈꾼단다. 이처럼 헛된 꿈을 꾸는 동안 그들의 소중한 시간은 넘어진 병에서 흘러나와 버려지는 값비싼 향유처럼 땅속으로 사라져 버리지.

미래의 행복에 대한 환상은 결코 만족함이 없다. 환상은 현실이 아니기 때문이다. 나는 눈에 보이지 않지만, 네가 볼 수 있는 주변 세상보다 훨씬 실재적이란다. 나의 실재는 영원하며 변치 않는다. 매 순간을 내게 가져오면 생생한 기쁨으로 채워 주겠다. 지금 이 순간이야말로 내 임재 안에서 기뻐할 때다!

함께 읽어요

주 안에서 항상 기뻐하라 내가 다시 말하노니 기뻐하라……나는 비천에 처할 줄도 알고 풍부에 처할 줄도 알아 모든 일 곧 배부름과 배고픔과 풍부와 궁핍에도 처할 줄 아는 일체의 비결을 배웠노라(빌립보서 4:4, 12).

더 읽어 보세요 시편 102:27; 베드로전서 1:8

자녀를 위한 지저스 콜링 54

행복의 비밀

주변에서 어떤 일이 일어나든 내 안에서 행복해지기로 선택하렴. 삶의 모든 일이 완벽해야 행복해지는 건 아니란다. 많은 사람이 마침내 자신들이 행복해질 날을 꿈꾸며 시간을 낭비하는구나. 학교를 졸업하고, 운전을 할 수 있게 되고, 직업과 집이 생기기를 꿈꾸지. 이처럼 헛된 꿈을 꾸는 동안 인생은 지나가 버리고 만단다. 인생이란 바로 '오늘'을 사는 거야. '······할 날'만을 기다리는 게 아니지.

상황이 잘 풀릴 때는 행복하게 내가 주는 복을 누리렴. 혹 힘든 시간을 보내더라도 다 지나갈 거니 행복하게 지내라. 그리고 이 약속을 기억하렴. 너는 나와 함께 천국에서 영원히 문제없는 삶을 살게 될 거란다.

행복해지길 기다리지 말고 내게 오렴. 오늘을 어떻게 행복하게 살 수 있는지 보여 줄게.

함께 이야기해요

행복하다는 건 어떤 걸까요? 모든 일이 내 마음대로 되는 것을 말할까요? 마음대로 되는 일이 없을 때도 행복해지려면 어떻게 해야 할까요?

나를 찾아라

　내 얼굴을 찾아라. 그러면 네가 꿈꿔 왔던 그 이상이 가능해진다. 네 중심에 있는 염려를 내가 치워 주겠다. 나는 마치 물기를 흠뻑 머금은 구름 같아서 네 마음 밭에 평안의 소나기를 내린단다. 나는 본성은 축복하는 것이고, 너의 본성은 감사함으로 복을 받는 거란다. 이 참된 조화는 세상의 기초가 놓이기 전에 계획되었지. 내가 주는 복을 감사함으로 받아 나를 영화롭게 해라.

　네가 그 모든 것을 통해 궁극적으로 도달해야 할 목표는 바로 나란다. 나를 구하면 나를 찾을 것이요, 만족을 얻을 것이다. 네가 다른 목표에 사로잡혀 나를 잊는 그 순간에도 나는 여전히 그 자리에서 너를 지켜보며 기다리고 있다. 하지만 너는 마치 혼자 있는 것처럼 행동하는구나. 내 빛은 네가 마주하는 모든 상황을 비추고 있단다. 삶의 순간순간을 나와 함께하도록 시야를 넓히고 빛나는 삶을 살아라. 아무것도 나를 찾는 일을 방해하지 못하게 하렴.

함께 읽어요

너희는 내 얼굴을 찾으라 하실 때에 내가 마음으로 주께 말하되 여호와여 내가 주의 얼굴을 찾으리이다 하였나이다(시편 27:8).

더 읽어 보세요 빌립보서 4:7; 예레미야 29:13

자녀를 위한 지저스 콜링 55

나는 여전히 여기 있단다

나를 찾으면 네가 꿈꿔 왔던 것보다 훨씬 많은 일이 가능해진단다. 나는 네 걱정을 평안으로 바꿔 주고, 소나기처럼 복을 내린다. 네가 찾고 바라는 것은 결국 나란다. 마음속에 물건이나 친구, 그밖에 다른 무언가로 채우려 애썼던 빈 공간이 있지 않니? 그 공간을 채울 수 있는 존재는 오직 나뿐이야. 그러니 나를 찾으렴!

때로 세상의 모든 일로 분주해서 마음이 산만해지고, 내게 집중하기가 어려울지 몰라. 하지만 나는 너를 지켜보며 네가 돌아오기를 기다리고 있단다. 나를 다시 찾으면 내가 여전히 여기에 함께 있다는 걸 알게 될 거야. 나는 언제나 원래 있던 그곳에 있었단다.

함께 이야기해요

지금까지 어떤 것들을 찾고 있었나요? 그것들을 찾았나요? 예레미야 29장 13절을 읽어 보세요. 예수님을 어떻게 찾을 수 있나요? 언제든 예수님을 찾을 수 있다는 걸 믿나요? 왜 그렇게 생각하나요?

부모를 위한 지저스 콜링 56

너에게만 적합한 길

나는 오직 너에게만 적합한 길로 너를 인도한다. 내게 가까워질수록 너는 더 진정한 모습이 되어 내가 계획한 모습을 이루어 간다. 너는 유일한 존재이기 때문에 네가 나와 함께 여행하는 길은 다른 사람들이 걷는 길과 점점 더 갈라진다. 그러나 나는 신비로운 내 지혜와 방법으로 다른 사람들과 가깝게 지내면서 이 고독한 길을 따를 수 있는 능력을 너에게 준단다. 내게 더 완전하게 헌신할수록 더 자유롭게 다른 사람들을 사랑할 수 있다.

내 임재와 어우러지는 삶은 참으로 아름답단다. 우리가 서로 친밀하게 교제하며 함께하는 여행을 맘껏 기뻐해라. 내 안에서 너를 상실함으로 진실한 너를 발견하는 모험에 뛰어들어라.

함께 읽어요

사랑하는 자들아 우리가 서로 사랑하자 사랑은 하나님께 속한 것이니 사랑하는 자마다 하나님으로부터 나서 하나님을 알고 사랑하지 아니하는 자는 하나님을 알지 못하나니 이는 하나님은 사랑이심이라 (요한일서 4:7-8).

더 읽어 보세요 고린도후서 5:17; 에베소서 2:10; 요한복음 15:4

자녀를 위한 지저스 콜링 56

세상에 하나뿐인 너

너는 유일한 존재란다. 세상에 하나밖에 없는 특별한 사람이라는 뜻이지. 나는 오직 너만을 위한 길을 만들었단다. 나와 함께 길을 걷는 동안 너는 점점 더 내가 계획한 모습이 되어 갈 거야.

너는 유일한 존재이기 때문에 네가 걷는 길은 다른 사람들이 걷는 길과 똑같지 않아. 그들은 내가 그들만을 위해 만든 길을 따르고 있지. 하지만 나는 신비로운 내 방법으로 다른 사람들과 친하게 지내면서 네 길을 따를 수 있는 능력을 너에게 준단다. 나와 보조를 맞추며 함께할수록 더 자유롭게 다른 사람들을 사랑할 수 있단다.

내가 네 삶에서 얼마나 멋지게 일하는지 알면 깜짝 놀랄 거야. 너를 위해 내가 마련한 길을 따를수록 너는 더 진정한 모습이 된단다. 그리고 나를 사랑할수록 다른 사람들을 더 많이 사랑할 수 있단다.

함께 이야기해요

예수님은 각 사람에게 특별한 재능을 주셨어요. 다른 사람들이 걷는 길과 여러분이 걷는 길은 어떻게 다른가요? 예수님을 사랑할수록 다른 사람들을 더 많이 사랑할 수 있을까요? 어떻게 그게 가능할까요?

오늘을 사는 더 나은 방법

네가 오늘을 살아 내도록 내가 도와주겠다. 아침에 일어나 밤에 잠자리에 들기까지 네가 걷는 모든 길이 선택의 연속이다. 그 선택의 순간마다 늘 깨어 있어 내 임재를 인식했으면 좋겠구나. 이 하루의 시간은 어떤 식으로든 흘러간단다. 걸핏하면 투덜대며 마지못해 질질 끌려가듯 살 수도 있다. 하지만 더 나은 방법이 있지. 나와 함께 평안의 길을 걷기로 선택하고 내게 의지하는 거다.

물론 나와 같이 가는 길이라도 여전히 어려움은 있겠지만, 내 능력을 확신하며 고난을 담대히 마주할 수 있단다. 어려움을 만날 때마다 내게 감사하고, 내가 이 시험들을 어떻게 축복으로 변화시키는지 지켜보아라.

함께 읽어요

그들 가운데 어떤 사람들이 원망하다가 멸망시키는 자에게 멸망하였나니 너희는 그들과 같이 원망하지 말라(고린도전서 10:10)

더 읽어 보세요 누가복음 1:79; 사무엘하 22:29-30

바람직한 하루

아침에 일어나면 어떤 하루를 보낼지 결정할 수 있단다. 오늘이라는 하루를 어떻게 바라볼지 선택할 수 있다는 뜻이지. 그런데 단 두 가지 선택만 할 수 있어. 걸핏하면 투덜대거나, 아니면 나와 가까이 지내면서 모든 일을 내 방식으로 보는 거란다.

너는 비를 보기로 선택할 수도 있고, 무지개를 보기로 선택할 수도 있어. 산더미 같은 숙제만 볼 수도 있고, 아니면 숙제를 새로운 배움의 기회로 볼 수도 있지. 영화관에 가는 것을 허락하지 않는 부모님을 원망할 수도 있고, 아니면 '안 된다'는 말로 너를 보호해 주는 누군가가 있음에 감사할 수도 있단다.

잘못된 일만을 보겠니, 아니면 나를 보겠니? 나를 바라보기로 선택한다면, 잘못된 일로 가득했던 날이 어떻게 바람직한 하루로 바뀌는지 내가 보여 줄 거란다.

함께 이야기해요

빌립보서 4장 8절을 읽어 보세요. 우리가 생각하기로 선택한 것들이 오늘 하루에 대한 기분에 영향을 줄 수 있을까요? 우리 생각 속에 예수님을 간직하기로 선택하면, 우리의 생각과 오늘 하루가 어떻게 바뀔까요? 문제를 보며 투덜대는 것과 매일 예수님이 주시는 복을 보는 것 중에서 무엇을 선택하겠나요?

나의 변함없는 사랑

나는 네가 일을 얼마나 잘하고 있는지와 상관없이 너를 사랑한다. 때로 너는 불안해하며 내 사랑을 받을 만큼 충분히 가치 있는 일을 하고 있는지 묻지. 네가 아무리 모범적인 행동을 하더라도 그 질문에 대한 대답은 항상 '아니다'란다.

네가 이룬 일과 나의 사랑은 완전히 다른 문제로 구분해야 한다. 내가 영원한 사랑으로 너를 사랑하니 이 사랑은 한계도, 조건도 없는 영원에서 흘러나온다. 내가 공의의 겉옷을 너에게 둘러 준 일은 영원한 사건으로 그 어떤 일도, 그 누구도 바꿀 수 없다. 그러므로 그리스도인으로서 이룬 일은 너를 향한 내 사랑과 아무런 관계가 없다. 사실 그날의 일을 얼마나 잘 해냈는지 가늠하는 것조차도 의미가 없단다. 너의 관점은 제한된 데다 너의 판단에는 네 몸 상태도 적용되니 그런 평가는 왜곡될 수밖에 없기 때문이다.

성과에 대한 불안은 내게 내려놓고, 그 자리에 나의 변함없는 사랑을 채워 넣어라. 네가 하는 모든 일에서 내 사랑의 임재를 늘 의식하고자 노력하면, 내가 너의 발걸음을 인도할 거란다.

함께 읽어요

주의 얼굴을 주의 종에게 비추시고 주의 사랑하심으로 나를 구원하소서(시편 31:16).

더 읽어 보세요 예레미야 31:3; 이사야 61:10; 시편 107:8

자녀를 위한 지저스 콜링 58

무슨 일이 있어도

앞에 나가서 말해야 할 때 불안해서 가슴이 철렁 내려앉고 속이 뒤틀리는 것 같았던 적이 있니? 야구 타석에 서 있을 때나, 댄스 대회에서 다음 차례를 기다릴 때도 그런 기분이 들 거야. 그 일을 잘 해낼 수 있을지, 사람들이 마음에 들어 할지 걱정되기 때문이지.

때로 나에 대해서도 그런 불안함을 느낄 수 있단다. 네가 내 사랑을 받을 만큼 일을 충분히 잘 해내고 있는지 묻고 싶을 거야. 그 질문에 대한 대답은 '아니다'란다. 네가 얼마나 훌륭하게 행동하는지, 나를 섬기기 위해 얼마나 많은 일을 하는지는 중요하지 않아. 그 누구도 그렇게 해서 사랑받는 게 아니란다. 내 사랑은 너무나 크고 위대해서 그런 자격이 필요 없지. 내 사랑은 선물이야. 완전히 공짜란다. 애써 얻으려고 하지 않아도 되지. 너는 그저 내 사랑을 받기만 하면 된단다.

그러니 마음을 편히 먹고, 네가 할 수 있는 최선을 다하렴. 무슨 일이 있어도 내가 너를 사랑한다는 걸 잊지 마라!

함께 이야기해요

어떤 일을 제대로 해내지 못할까 봐 불안했던 적이 있나요? 스스로를 예수님이 사랑하실 만큼 좋은 사람이 아니라고 느낀 적이 있나요? 예수님은 절대 그런 생각을 하시는 분이 아니란 걸 아나요? 우리는 어떤 일을 완벽하게 해낼 필요가 없어요. 우리를 위한 예수님의 사랑의 선물을 받기만 하면 된답니다.

부모를 위한 지저스 콜링 59

나는 문제에서 선을 끌어낸다

삶에서 일어나는 모든 문제와 친구가 되어라. 갑작스럽게 닥치는 문제도 있고, 잘못된 일처럼 느껴지는 문제도 많을 테지만 내가 모든 일을 통치한다는 사실을 기억하렴. 나는 모든 것을 고쳐서 선한 모습으로 만들 수 있지만, 그 일은 네가 나를 신뢰하는 만큼만 가능하단다. 너는 모든 문제를 통해 교훈을 얻어 내가 애초에 창조한 모습으로 서서히 변화될 수 있다. 그러나 똑같은 문제라도 불신과 반항으로 반응한다면, 문제가 너를 넘어뜨리는 걸림돌이 된다. 모든 선택은 네게 달렸다. 나를 신뢰할지, 나에게 반항할지 하루에도 여러 번 선택해야 한다.

문제와 친구가 되는 가장 좋은 방법은 문제에 대해 나에게 감사하는 거다. 그렇게만 하면 고통을 통해 너에게 혜택이 온다. 반복해서 일어나는 문제가 있다면 그 문제에 별명을 붙여 보렴. 그러면 두려움 대신 친숙함으로 문제에 다가갈 수 있다. 그런 다음 문제를 내게 털어놓으렴. 너의 문제를 없애지 않을 수도 있지만, 나의 지혜는 네가 경험하는 모든 문제에서 선을 끌어내기에 충분하단다.

함께 읽어요

우리가 알거니와 하나님을 사랑하는 자 곧 그의 뜻대로 부르심을 입은 자들에게는 모든 것이 합력하여 선을 이루느니라(로마서 8:28).

더 읽어 보세요 고린도전서 1:23-24

자녀를 위한 지저스 콜링 59

문제와 친구가 되렴

　살면서 만나는 모든 문제와 친구가 되렴. 그리고 좀 이상한 말로 들리겠지만 문제에 대해 나에게 감사해라. 나는 모든 문제를 사용해서 네게 무언가를 가르쳐 줄 수 있기 때문이란다. 조각가가 아름다운 작품을 만들기 위해 거친 돌을 깎아내듯, 나는 내 걸작인 너를 드러내기 위해 문제를 통해서 고집과 교만, 이기심이라는 네 거친 모습을 깎아낸단다.

　모든 선택은 네게 달렸어. 문제를 계속 혼자 안고 있으면 점점 더 커져서 너를 넘어뜨리는 걸림돌이 될 거야. 하지만 문제를 내게 털어놓으면 문제와 친구가 될 수 있어. 내가 그 문제를 내 계획의 일부로 만들 거란다. 너의 문제를 없애지 않을 수도 있지만, 네가 겪는 모든 문제에서 선한 것을 만들어 내겠다.

함께 이야기해요

문제와 어떻게 친구가 될 수 있을까요? 예수님께 문제를 털어놓는다는 건 무슨 뜻일까요? 여러분이 겪는 문제에서 어떤 선한 것이 나올 수 있을까요?

저녁과 아침, 그리고 한낮에도

　나는 영원한 하나님이며, 모든 존재의 하나님이다. 고요한 아침 시간뿐 아니라 하루 동안 끊임없이 나를 찾아라. 예상치 못한 일 때문에 나의 임재에서 주의를 놓치지 않도록 주의해라. 대신 모든 일에 대해 나와 함께 이야기 나누면서 내가 행할 일을 보기 위해 확신을 가지고 살펴라.

　어떤 역경도 너와 나의 교제를 방해할 수 없다. 상황이 잘못되면 너는 마치 벌이라도 받는 것처럼 반응하곤 하지. 이처럼 부정적으로 반응하지 말고 어려움을 변장하고 찾아온 복으로 보려고 노력하렴. 나를 피난처 삼아 의지하고 내 앞에 마음을 털어놓으렴.

함께 읽어요

저녁과 아침과 정오에 내가 근심하여 탄식하리니 여호와께서 내 소리를 들으시리로다(시편 55:17).

더 읽어 보세요 시편 105:3; 시편 32:6; 시편 62:8

자녀를 위한 지저스 콜링 60

마음의 자세

나는 영원한 하나님이며, 모든 존재의 하나님이란다. 아침에도, 한낮에도, 밤에도 나는 너의 이야기를 기다리고 있어.

조용한 아침 시간에만 나에게 기도하지 마라. 교회에서만 기도하지도 말고, 일이 잘될 때만 기도하지도 마라. 그저 눈 감고 고개를 숙여서 하는 기도만 드리지 말고, 매일, 언제 어디서나, 어떤 상황에서도 나에게 이야기하렴. 교실에서도, 축구장에서도, 피아노 연습을 하거나 숙제를 할 때도, 친구에게 핸드폰 메시지를 보낼 때도 나와 이야기할 수 있단다. 힘든 일이 있을 때도, 행복할 때도 기도하렴. 때는 그리 중요하지 않아. 나와 함께하는 시간이 중요한 거란다.

누워 있거나, 일어나 앉거나, 두 팔을 위로 쭉 뻗은 채로도 내게 이야기할 수 있어. 눈을 떠도 되고, 감아도 된단다. 네 몸의 자세보다 마음의 자세가 더 중요하지. 마음으로 나를 찾으면 너에게 귀 기울이겠다.

함께 이야기해요

여러분은 주로 언제 기도하나요? 특정한 시간을 정해 특정한 방법으로만 기도하지는 않나요? 어떤 방법으로 어디서 몇 시에 기도하는 일이 중요한 걸까요? 몸의 자세보다 마음의 자세가 얼마나 더 중요한지 이야기해 보세요.

위로가 필요할 때

나를 바라며 내게서 도움과 위로, 우정을 찾아라. 나는 항상 네 곁에 있기 때문에 잠깐 눈을 돌려도 나를 쉽게 찾을 수 있단다. 나를 바라보며 도움을 구하렴. 큰 문제에서뿐 아니라 사소한 일에서도 내 도움이 필요함을 알면 영적으로 살아 있을 수 있다.

위로가 필요하면 내가 기꺼이 안아 주겠다. 너를 위로할 뿐 아니라 다른 이들에게 위로가 흘러가는 통로가 되게 해주겠다. 그러면 너는 두 배의 복을 받게 되는데, 생명력을 지닌 통로는 흘려보내는 것을 또한 흡수하기 때문이지. 내가 너와 항상 함께함은 구원의 축복에서 가장 중요하다. 삶에서 그 어떤 것을 잃는다 해도 이 영광스러운 선물을 빼앗을 자는 없다.

함께 읽어요

찬송하리로다 그는 우리 주 예수 그리스도의 하나님이시요 자비의 아버지시요 모든 위로의 하나님이시며 우리의 모든 환난 중에서 우리를 위로하사 우리로 하여금 하나님께 받는 위로로써 모든 환난 중에 있는 자들을 능히 위로하게 하시는 이시로다(고린도후서 1:3-4).

더 읽어 보세요 시편 34:4-6; 시편 105:4

자녀를 위한 지저스 콜링 61

나는 너의 위로자란다

이 세상은 험난하단다. 어떤 날은 네 영혼이 정말 상처받을지 몰라. 그저 위로가 필요한 날도 있을 거야. 나는 항상 네 옆에 있어. 그러니 부드러운 속삭임이 있는 내 쪽으로 잠깐 눈을 돌려도 나를 쉽게 찾고 내 위로를 받을 수 있단다. 내가 너를 품에 안고 이 세상에서 지켜 주겠다.

너를 위로할 뿐 아니라 너에게 다른 사람들을 위로할 수 있는 능력도 줄게. 너도 알다시피 나는 모든 일에서 선한 것을 끌어내는 하나님이란다. 네 상처에서 다른 사람들의 상처를 이해할 수 있는 능력과 그들을 위로할 수 있는 능력을 끌어내 주겠다.

함께 이야기해요

예수님께 우리의 말을 들어 달라고 소리쳐야 할까요? 예수님이 우리의 기도를 들으시도록 하려면 무엇을 해야 할까요? 어떻게 하면 예수님의 위로가 멋지고 따뜻한 포옹처럼 느껴질까요?

정죄하지 마라

내 자녀들은 서로서로, 그리고 스스로를 정죄하는 놀이를 하는구나. 하지만 나만이 능력 있는 판사이며, 그런 내가 내 피로 네 죗값을 치렀다. 네가 받은 무죄 선고는 비할 수 없는 내 희생으로 대가를 치룬 결과다. 그렇기 때문에 내 자녀가 서로를 정죄하거나 자기혐오에 빠지면 마음이 너무 아프단다.

나와 가까이 살면서 내 말을 받아들이면, 성령이 필요대로 너를 인도하고 바로잡는다. 내 안에 있는 자를 정죄하는 일은 결코 없단다.

함께 읽어요

비판하지 말라 그리하면 너희가 비판을 받지 않을 것이요 정죄하지 말라 그리하면 너희가 정죄를 받지 않을 것이요 용서하라 그리하면 너희가 용서를 받을 것이요(누가복음 6:37).

더 읽어 보세요 디모데후서 4:8; 디도서 3:5; 로마서 8:1

자녀를 위한 지저스 콜링 62

용서해라

내 자녀들은 서로서로, 그리고 스스로를 판단하는 버릇이 있구나. 하지만 나만이 진정한 판사야. 내 자녀가 자신을 깎아내리거나 다른 사람들을 판단하면 마음이 너무 아프단다. 이건 내 방식이 아니지.

나는 네게 옳은 것을 선택할 수 있는 능력을 주었다. 나와 가까이 살면서 내 가르침을 따르면, 성령님이 너를 인도하고 바로잡으시지. 나는 네 모든 죄를 깨끗하게 씻기 위해 십자가에서 죽었단다. 네가 온전히 용서받도록 내 피로 네 죗값을 치렀지.

다른 사람을 용서하고, 너 자신도 용서하렴. 내 영이 네가 올바른 선택을 하도록 돕고, 너를 바로잡아 준단다. 나는 내 자녀들을 비난하지 않는다는 것을 항상 기억하렴.

함께 이야기해요

사람을 판단하는 것과 옳고 그름을 판단하는 것의 차이점은 무엇일까요? 그리스도께서 우리를 용서하셨기 때문에 우리도 서로를 용서해야 해요. 그런데 때로 용서하기가 어려운 이유는 무엇일까요? 자신을 용서해야 할 때는 언제인가요?

부모를 위한 지저스 콜링 63

내 얼굴을 구해라

내 얼굴을 더욱 구해라. 너는 이제 막 나와 함께하는 친밀한 여행을 시작했단다. 이 여정이 쉽지는 않겠지만 기쁨이 있는 보물찾기 같은 특별한 길이란다. 내가 보물이고, 내 임재의 영광이 그 길을 따라 반짝이며 빛나지.

고난도 이 여행의 일부란다. 나는 매우 조심스럽게, 꼭 필요한 양만큼 이 길 위에 고난을 두었단다. 내가 얼마나 주의를 기울였는지 너는 상상조차 할 수 없을 거야. 고난 때문에 움츠러들지 마라. 고난은 내가 가장 아끼는 선물 가운데 하나란다. 나를 신뢰하고 두려워하지 마라. 내가 너의 힘이며 노래이다.

함께 읽어요

보라 하나님은 나의 구원이시라 내가 신뢰하고 두려움이 없으리니 주 여호와는 나의 힘이시며 나의 노래시며 나의 구원이심이라(이사야 12:2).

더 읽어 보세요 시편 27:8; 고린도후서 4:7-8

보물찾기

너는 지금 보물찾기를 하고 있단다. 상품이나 사탕 같은 걸 찾는 게 아니야. 황금으로 가득 찬, 해적의 보물 상자 같은 걸 찾는 것도 아니지. 바로 나를 찾는 보물찾기란다. 내가 보물이야. 나는 네게 지도의 역할을 해줄 거룩한 말씀을 주었고, 너를 인도할 성령을 주었단다.

네가 가야 할 길이 쉽지는 않을 거야. 하지만 보물을 찾는 건 정말 가치 있는 일이야. 네게 축복이라는 보석을 주기 위해 내가 그 길에서 기다리고 있단다. 이 여행에는 멋진 모험만 있는 게 아니야. 힘든 일도 겪게 되지. 하지만 두려워하지 마라. 내가 너와 함께 있단다. 네게 힘을 주고, 네 마음을 기쁨으로 가득 채워 노래 부르도록 하겠다. 네 여행이 끝나는 날은 최고의 보물이 될 거야. 나와 영원히 함께하기 때문이지!

함께 이야기해요

예수님이 여러분의 최고의 보물이신가요? 예수님의 말씀을 삶의 지도로 사용하고 있나요?

나는 네 안에 산다

 나는 네 안에 있는 그리스도니, 곧 영광의 소망이란다. 네 손을 잡고 곁에서 함께 걷는 이가 네 안에서 사는 이와 동일하다. 이것은 심오하고 헤아릴 수 없는 신비란다. 너와 나는 네 존재의 구석구석에서 친밀히 엮여 있다. 내 임재의 빛은 너를 비출 뿐 아니라 네 안에서 빛난단다. 내가 네 안에, 네가 내 안에 있으니 하늘과 땅의 그 어떤 것도 내게서 너를 갈라놓을 수 없다.

 네가 잠잠히 나를 묵상할 때 너는 네 안에 있는 내 생명을 더욱 민감하게 인식하게 된다. 이를 통해 여호와로 인하여 기뻐하는 것이 너의 힘이 된단다. 나, 곧 소망의 하나님이 모든 기쁨과 평강을 믿음 안에서 너에게 충만하게 하여 성령의 능력으로 소망이 넘치게 할 것이다.

함께 읽어요

소망의 하나님이 모든 기쁨과 평강을 믿음 안에서 너희에게 충만하게 하사 성령의 능력으로 소망이 넘치게 하시기를 원하노라(로마서 15:13).

더 읽어 보세요 골로새서 1:27; 이사야 42:6; 느헤미야 8:10

자녀를 위한 지저스 콜링 64

내 임재의 신비함을 누려라

나와 함께한다는 것이 신비하기도 할 거야. 나는 네 손을 잡고 곁에서 함께 걷고, 또 네 안에 살면서 너를 위로하고 인도한다. 동시에 이렇게 할 수 있지.

신비한 일이 또 있단다. 내가 네 안에 있는 것처럼 너도 내 안에 있다는 사실이야. 옷감을 보면 실로 촘촘히 짜여 있지? 우리도 그 실처럼 함께 엮여 있단다. 하늘과 땅의 그 어떤 것도 내게서 너를 갈라놓을 수 없어.

이 신비롭고 놀라운 일을 생각하며 행복해하렴. 너를 너무나도 사랑하는 하나님이 계시니 말이야. 내가 네 안에, 그리고 네 주위에 있다는 사실을 알면, 기쁨과 평안이 가득해질 거야. 이 신비한 일을 다 이해할 수는 없겠지만 기쁨으로 누리렴.

함께 이야기해요

하나님에 대해 신비한 일들이 많아요. 그중에서 가장 신비한 일은 하나님이 우리 안에 계신 동시에 우리 곁에 계신다는 사실이에요. 하나님의 변치 않는 영원하신 임재가 여러분의 삶에는 어떤 의미인가요? 하나님의 임재로 인해 더 기꺼이, 자신감 있게 다른 사람들에게 하나님에 대한 이야기를 하게 되나요?

가장 친한 친구

나는 너의 왕이요, 가장 친한 친구다. 사는 동안 내 손을 잡고 걸어가렴. 우리는 매일 무슨 일이 생기든 함께할 것이고, 기쁨, 고난, 모험, 실망도 함께하게 될 거다. 나와 함께하면 헛된 일은 없어서 다 타 버린 재에서도 아름다움을 끌어낼 수 있단다. 슬픔에서 기쁨을, 역경에서 평안을 찾아내는 능력이 내게는 있다. 만왕의 왕이면서 동시에 친구인 나만이 이 신성한 연금술을 행할 수 있지. 나와 같은 이는 없단다.

내가 건네는 우정은 실제적이며, 하늘의 영광으로 가득하다. 네 중심에 내가 있으면 너는 보이는 세계와 보이지 않는 영원한 현실의 영역 두 곳에서 모두 살 수 있다. 내가 너에게 능력을 주었기에 너는 먼지 나는 이 땅의 삶을 사는 동안 나를 의식할 수 있단다.

> ### 함께 읽어요
>
> 사람이 친구를 위하여 자기 목숨을 버리면 이보다 더 큰 사랑이 없나니 너희는 내가 명하는 대로 행하면 곧 나의 친구라 이제부터는 너희를 종이라 하지 아니하리니 종은 주인이 하는 것을 알지 못함이라 너희를 친구라 하였노니 내가 내 아버지께 들은 것을 다 너희에게 알게 하였음이라(요한복음 15:13-15).
>
> **더 읽어 보세요** 이사야 61:3; 고린도후서 6:10

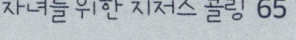

자녀를 위한 지저스 콜링 65

나와 같은 친구는 없단다

나는 너의 가장 친한 친구이자 너의 왕이란다. 나의 우정은 실제적이다. 나는 너의 친구로서 네 말에 귀 기울이고 도와주려고 언제나 여기에 있단다. 우리는 매일 무슨 일이 생기든 함께할 거야. 즐거운 일, 힘겨운 일, 모험과 같은 일, 실망스러운 일 등 모두 말이야.

왕으로서 나는 우리 우정을 통해 훨씬 많은 일을 가능하게 한단다. 다 타 버린 재에서도 멋진 일을 이루어 낼 수 있지. 슬픔에서 기쁨을, 문제에서 평안을 창조하는 능력이 내게 있단다.

너를 사랑하기 때문에 이 모든 일을 하는 거란다. 나는 너를 너무나도 사랑해서 아기의 모습으로 이 땅에 오기까지 했다. 내가 이 세상의 죄악 가운데 살았다는 것은 정말 위대한 일이야. 네 영혼을 구하기 위해 십자가에서 죽은 일도 마찬가지지. 나와 같은 친구는 없단다!

함께 이야기해요

예수님이 우리의 가장 친한 친구가 되시는 이유는 무엇인가요? 예수님께 더 좋은 친구가 되려면 어떻게 해야 할까요?

이루 헤아릴 수 없는 능력

나는 네가 구하거나 생각하는 모든 것보다 더 넘치도록 능히 할 수 있다. 모든 일을 성취하는 나의 능력이 무한함을 기대하고 또 깨달아라. 나의 위대한 생각을 품을 수 있도록 네 마음을 다스려 달라고 성령에게 구하렴.

아직 응답받지 않은 기도 때문에 낙심하지 마라. 시간은 마치 트레이너처럼 어둠 가운데서 나를 신뢰하며 기다릴 수 있도록 가르친다. 점점 더 극한 상황에 처할수록 그 상황 속에서 일하는 내 능력과 영광을 더욱 볼 수 있단다. 고난에 휘둘리지 말고, 그 상황을 통해 내가 영광스럽게 간섭할 수 있음을 기억하렴. 눈과 마음을 활짝 열고 내가 네 삶에서 행하는 모든 일을 지켜보아라.

함께 읽어요

우리 가운데서 역사하시는 능력대로 우리가 구하거나 생각하는 모든 것에 더 넘치도록 능히 하실 이에게 교회 안에서와 그리스도 예수 안에서 영광이 대대로 영원무궁하기를 원하노라 아멘(에베소서 3:20-21).

더 읽어 보세요 로마서 8:6; 이사야 40:30-31; 요한계시록 5:13

자녀를 위한 지저스 콜링 66

너를 향한 나의 꿈

가장 크고 놀라운 꿈을 꾸렴. 네가 구하거나 생각하는 모든 것보다 훨씬 많은 일을 할 수 있는 나의 능력을 깨달아라. 너를 향한 나의 꿈을 네 마음에 가득 채우게 해주렴.

기도에 곧장 응답받지 않아도 실망하지 마라. 시간은 훌륭한 선생님과 같단다. 다음에 무슨 일이 일어날지 모르는 상황에서도 나의 완벽한 계획을 신뢰하며 기다릴 수 있도록 가르치지.

모든 일이 너무 어려워 보일 때야말로 네 삶에서 일하는 나의 능력을 진정으로 볼 수 있는 기회란다. 이 어지러운 세상에 끌려다니며 걱정하지 말고, 내가 네 주변에서 하는 모든 일을 바라보렴. 나의 능력에는 한계가 없다는 걸 기억해라.

함께 이야기해요

여러분의 가장 큰 꿈은 무엇인가요? 우리를 향한 예수님의 꿈이 무엇인지 어떻게 발견할 수 있을까요? 성경 읽기와 기도가 우리를 향한 예수님의 계획을 아는 데 어떤 도움이 될까요?

나를 예배해라

고요한 아침, 땅이 내 임재의 이슬로 싱그러울 때 나를 만나렴. 거룩한 옷을 입고 나를 예배해라. 거룩한 내 이름을 위해 사랑의 노래를 부르렴. 나에게 헌신하면 네 안에 내 영이 깃들고, 나아가 내 영이 충만하여 차고 넘친단다.

세상은 물질을 움켜쥐고 놓지 않는 것이 부를 추구하는 방법이라고 말하지. 하지만 내가 주는 복을 받으려면 손을 활짝 펴서 헌신해야 한단다. 나와 내 길에 더욱 헌신하면 이루 말할 수 없는 하늘의 기쁨으로 너를 더욱 채울 거란다.

함께 읽어요

여호와께 그의 이름에 합당한 영광을 돌리며 거룩한 옷을 입고 여호와께 예배할지어다(시편 29:2).

더 읽어 보세요 시편 9:10; 베드로전서 1:8

자녀를 위한 지저스 콜링 67

영광스러운 복

나를 예배하렴. 그러면 내가 네 인생을 영광스러운 복으로 채워 줄 거란다. 세상은 돈, 자동차, 좋은 옷, 아름다운 보석을 가지면 부자라고 말하지. 그리고 그것들을 꽉 움켜쥐고 놓지 말라고 한다.

내가 주는 복은 기쁨과 사랑, 평안이라는 훨씬 더 좋은 보물이란다. 이 복을 움켜쥐지만 말고 다른 사람들에게 나누어 주었으면 좋겠구나. 그것들이 배가 되어 너와 네 주변 사람들이 이전보다 더 풍요롭게 될 거란다.

어떻게 하면 내 복을 받을 수 있을까? 나를 예배하렴. 고요한 아침, 내게로 와서 아름다운 새 하루를 준 나를 찬양해라. 내 거룩함을 노래하렴. 마음을 열면 내 복으로 너의 영혼을 가득 채워 주겠다.

함께 이야기해요

예배가 뭘까요? 예배가 우리 삶을 어떻게 풍요롭게 채울 수 있나요? 마태복음 6장 19-21절을 읽어 보세요. 기쁨과 사랑, 평안이 세상의 재물보다 얼마나 더 위대한가요?

부모를 위한 지저스 콜링 68

마음이 흐트러지지 않도록 해라

인생의 소소한 문제들로 인해 낙담하지 마라. 그것은 언젠가는 해야 할 일이지만, 특별한 순서는 필요 없는 사소한 일들이다. 작은 일들까지 모두 신경 쓰고 해결하려 하다 보면, 이런 일에는 끝이 없음을 알게 될 거란다.

처리해야 하는 일을 한 번에 다 하려 들지 말고 대신 하루에 한 가지씩 해야 할 일을 선택하렴. 나머지 일들은 마음에서 잊히도록 내버려 두면, 내가 너의 의식 전면에 설 수 있다. 궁극적인 목적은 나와 가까이 살면서 내 계획에 반응하는 일이다. 나는 네 마음이 흐트러지지 않고 내게로 향할 때 순조롭게 너와 소통할 수 있단다. 오늘을 지내는 동안 계속해서 내 얼굴을 구하렴. 내 임재가 너의 생각에 질서를 잡고, 전 존재 안에 평안을 넣어 주도록 하렴.

함께 읽어요

그런즉 너희는 먼저 그의 나라와 그의 의를 구하라 그리하면 이 모든 것을 너희에게 더하시리라(마태복음 6:33).

더 읽어 보세요 잠언 16:3; 시편 27:8; 이사야 26:3

자녀를 위한 지저스 콜링 68

소소한 문제들에서 벗어나라

소소한 문제들로 꼼짝 못 하고 있구나. 언젠가는 해야 하지만 지금 당장 하지는 않아도 되는, 끝도 없는 사소한 일들을 말하는 거야. 예를 들어, 음악 파일을 내려받아 친구에게 전해 주어야 하는 일, 자전거 타이어에 공기를 넣어야 하는 일 등이 있겠지.

작은 일들까지 모두 신경 쓰다 보면 많은 시간을 소모하게 된단다. 처리해야 하는 일을 한 번에 다 하려 들지 말고 대신 오늘 꼭 해야 할 일을 선택하렴. 나머지 일들은 마음 한구석으로 밀어 두면, 내가 너의 마음 가장 앞에 설 수 있단다.

명심하렴. 삶의 진짜 목적은 나와 가깝게 지내며 사는 거란다. '해야 할 일 목록'의 일을 다 마쳤는지 체크하는 게 아니지. 오늘을 사는 동안 계속해서 나를 바라보렴. 내 임재가 네 마음속 소소한 문제들을 깨끗이 치우고, 평안을 넘치게 넣도록 해주렴.

함께 이야기해요

오늘 하루 여러분의 생각을 가득 채우고 있는 소소한 문제들은 무엇인가요? 예수님과 함께할 시간이 있나요? 정말 중요한 일과 소소한 일을 구분할 때, 예수님은 우리를 어떻게 도와주실까요?

부모를 위한 지저스 콜링 69

즐거운 마음

좀 더 자유롭게 너 자신을 웃어넘길 수 있는 여유를 배워라. 스스로에 대해서나 처한 환경을 너무 심각하게 받아들이지 마라. 편히 쉬면서 내가 너와 함께 있는 하나님임을 깨닫도록 하렴. 그 무엇보다 나의 뜻이 이루어지길 바라면 삶이 덜 위협적으로 느껴질 거다. 내가 맡은 바 책임을 다하는지 감시하려 하지 마라. 내 일은 네가 통제할 영역이 아니란다. 너는 네 영역의 경계가 어디까지인지 알고, 마음에 자유를 얻으렴.

웃음은 너의 짐을 가볍게 하고, 너의 마음을 천상의 장소로 이끈단다. 너의 웃음은 하늘로 올라와 천사 같은 찬양의 멜로디와 어우러진다. 부모가 자녀의 웃음소리에 기뻐하듯이 나 또한 네 웃음소리가 기쁘단다. 나를 신뢰하며 삶을 즐겁게 누리는 모습이 나를 기쁘게 하는구나.

네 어깨 위에 짊어진 세상 짐이 무거워 내가 주는 기쁨을 놓치지 마라. 오히려 나의 멍에를 메고 내게 배워라. 내 멍에는 쉽고 내 짐은 가볍단다.

함께 읽어요

능력과 존귀로 옷을 삼고 후일을 웃으며(잠언 31:25).

더 읽어 보세요 잠언 17:22; 마태복음 1:23; 마태복음 11:29-30

자녀를 위한 지저스 콜링 69

문제를 웃어넘기기

너 자신과 세상을 웃어넘길 수 있는 여유를 배우렴. 걱정과 두려움에 빠지지 말고, 내가 곁에 있으니 웃으면서 행복하게 지내라. 부모가 자녀의 웃음소리에 기뻐하듯이 나 또한 네 웃음소리가 기쁘단다. 나를 신뢰하며 즐겁게 사는 모습을 보면 정말 행복하지.

어떤 문제, 특히 아직 일어나지도 않은 일을 걱정하느라 웃음이 멈추지는 않았으면 좋겠구나. 나의 기쁨이 가득한 하루하루를 살아라. 이것은 앞으로 네게 아무 문제가 생기지 않을 거란 말이 아니야. 문제가 생겨도 여전히 기쁠 거란 뜻이지. 우주의 창조자가 바로 네 곁에서 문제를 이겨 내도록 돕기 때문이란다.

그러니 문제를 웃어넘기는 법을 배우렴. 그 문제가 그리 골치 아픈 일이 아님을 깨닫게 될 거야.

함께 이야기해요

힘든 일이나 슬픈 일이 있을 때도 기뻐하며 웃을 수 있다고 생각하나요? 예수님은 우리가 항상 기쁨을 발견하도록 어떻게 도와주실까요? 웃음은 문제를 덜 골치 아프게 만들어 줄 수 있을까요?

부모를 위한 지저스 콜링 70

내게 귀 기울여라

계속해서 나에게 귀를 기울여라. 기도가 필요한 수많은 사람, 그리고 그런 상황에 관해 너와 할 이야기가 참 많단다. 너의 마음을 내게 더욱 고정함으로 내 영의 도움을 받아 네 주위에 혼란스럽게 하는 일들을 몰아내야 한다.

네 계획에 일을 맞추려 애쓰지 말고, 내가 주도하는 바에 반응하면서 거룩한 신뢰로 나와 함께 걸어라. 너에게 자유를 주려고 내가 선택한 죽음은, 강박적인 계획에서 너를 자유롭게 하는 일에도 해당한다. 마음이 수많은 생각으로 요동칠 때는 내 목소리를 들을 수 없지. 계획에 마음을 사로잡힌다는 건 통제라는 우상에 절하는 일과 같다. 우상 숭배에서 돌아서서 내게로 돌아오렴. 내 음성에 귀 기울임으로 풍성한 삶을 살아라!

함께 읽어요

내 양은 내 음성을 들으며 나는 그들을 알며 그들은 나를 따르느니라 (요한복음 10:27).

더 읽어 보세요 시편 62:8; 요한복음 8:36; 잠언 19:21

자녀를 위한 지저스 콜링 70

내게 귀 기울이고 있니?

항상 나에게 귀를 기울이렴. 너에게 해줄 이야기가 너무나 많단다. 네가 기도해 주었으면 하는 사람들, 그리고 그런 상황에 관해 말해 주고 싶구나. 너에게 도움을 주고 싶은 일도 말해 주고 싶고, 네가 빠지기 쉬운 함정, 네가 받을 복에 관해서도 말해 주고 싶다. 세상의 소음에는 신경을 끄고, 내 영의 도움을 받아 내게 귀 기울이렴.

너에게 오늘의 계획이 있다는 걸 안단다. 그 계획을 내게 먼저 말해 주지 않겠니? 내 계획과 완벽하게 들어맞을 수도 있지만, 내가 너를 위해 준비해 둔 일이 훨씬 더 좋을지 모르니 말이야. 네 계획대로 오늘을 보내려 너무 집착하면, 내가 계획한 축복을 놓치게 된단다. 그러니 내 음성에 귀 기울이는 일에 시간을 내렴. 어떻게 살아야 하는지를 가르쳐 주겠다!

함께 이야기해요

예수님의 말씀을 들으며 하루를 시작하는 방법에는 어떤 것이 있을까요? 어떻게 하면 잊어버리지 않고 온종일 예수님을 따라 살 수 있을까요? 밤에 잠들기 전에 예수님께 무슨 말을 할 수 있을까요?

부모를 위한 지저스 콜링 71

내 안에서 항상 기뻐해라

기뻐하고 감사해라! 나와 함께 오늘 하루를 걸으며 나를 신뢰하며 감사하는 연습을 하렴. 신뢰는 나의 평안이 너에게 흘러드는 통로와 같다. 감사는 너를 높이 들어 올려 네 환경을 뛰어넘어 살게 하지.

나는 감사하며 신뢰하는 사람들을 통해 위대한 일을 한단다. 계획을 세우고 평가하기보다는 계속해서 나를 신뢰하며 감사하는 연습을 해라. 이것이 바로 삶을 혁명적으로 변하게 할 인식의 전환이란다.

함께 읽어요

주 안에서 항상 기뻐하라 내가 다시 말하노니 기뻐하라(빌립보서 4:4).

더 읽어 보세요 시편 95:1-2; 시편 9:10; 고린도후서 2:14

자녀를 위한 지저스 콜링 71

기뻐하는 마음

　기뻐해라! 나를 기뻐하는 것은 즐겁고 감사한 마음으로 나를 높이는 거란다. 나를 기뻐하고 찬양하는 소리가 너무나 좋구나. 노래를 부르렴. 소리쳐도 좋아. 부드럽게 속삭여도 되고, 조용히 기도해도 된단다. 다른 어떤 방법도 괜찮아. 정말 중요한 건 네가 나를 찬양하는 거야! 이것을 새로운 습관으로 만들렴.

　네가 나를 기뻐하고 찬양하면 내가 높임을 받고, 나도 너를 높인단다. 복이 나에게서 온다는 걸 알면 기뻐하게 되지. 기뻐하는 모습을 보면 점점 더 많은 복을 주고 싶구나. 나는 기뻐하고 감사하는 사람들을 통해 위대한 일을 한단다. 내 안에서 항상 기뻐하렴. 모든 상황에서 기뻐해라. 이 찬양의 습관을 연습하면 삶이 점점 더 좋게 바뀔 거란다!

함께 이야기해요

예수님을 향해 노래를 불러 보세요. "나를 사랑해 주셔서 감사해요, 예수님." 이번에는 큰 소리로 외쳐 보세요. "나를 사랑해 주셔서 감사해요, 예수님." 이번에는 작게 속삭여 보세요. "나를 사랑해 주셔서 감사해요, 예수님." 이제 기뻐하며 예수님께 기도를 드리세요.

부모를 위한 지저스 콜링 72

내 왕국의 왕족

내가 너에게 복 주는 동안 잠잠히 내 임재 안에 앉아 있어라. 마음을 잔잔한 물웅덩이처럼 고요하게 해서 내가 그 안에 떨어뜨리는 생각은 무엇이든지 받을 준비를 갖추렴. 오늘 마주할 도전이 무엇일지 생각하는 동안 모든 것을 풍성하게 허락하는 내 안에서 쉬어라. 과연 그 일을 잘 감당할 수 있을지 걱정하느라 너 자신을 지치게 하지 마라. 계속 나를 보고, 나와 소통하면서 이 하루를 함께 걸어가자꾸나.

나는 서두르지 않으니, 가끔 길가에서 쉬어 가도 된단다. 여유를 가지고 걸으면 서둘러 애쓸 때보다 더 많은 일을 이뤄낸다. 급히 서두를 때는 네가 누구인지, 네가 누구 소유인지 잊게 되지. 너는 내 왕국의 왕족임을 기억하렴.

함께 읽어요

성령이 친히 우리의 영과 더불어 우리가 하나님의 자녀인 것을 증언하시나니 자녀이면 또한 상속자 곧 하나님의 상속자요 그리스도와 함께한 상속자니 우리가 그와 함께 영광을 받기 위하여 고난도 함께 받아야 할 것이니라(로마서 8:16-17).

더 읽어 보세요 시편 37:7; 베드로전서 2:9

자녀를 위한 지저스 콜링 72

왕의 자녀

너는 하나님의 자녀란다. 왕의 자녀이자, 내 왕족의 일원이며, 내 형제자매지. 그런데 세상 사람들은 그걸 알고 있을까?

주일에는 하나님의 자녀로 지낼 거야. 그런데 나머지 요일에도 그렇게 지내니? 교회 수련회에서는 하나님의 자녀로서 행동할 거야. 그런데 운동 경기를 할 때도 그렇게 행동하니? 기도할 때는 하나님의 자녀로서 말할 거야. 그런데 친구들과 함께 무슨 영화를 볼지 정할 때도 그렇게 말하니?

사람들이 네 말과 행동을 보면서 네가 내 자녀임을 알았으면 좋겠구나. 주일에도, 화요일 아침에도, 금요일 밤에도…… 언제나 그랬으면 좋겠다. 너의 하루를 준비해 줄 테니 매일 아침 내게로 와라. 왕의 자녀처럼 오늘을 살 수 있게 도와달라고 기도하렴. 네가 누구이며, 또 누구의 자녀인지 절대 잊지 마라!

함께 이야기해요

하나님의 자녀가 된다는 건 어떤 의미일까요? 우리를 그분의 자녀답게 만들고 싶어 하시는 하나님에 관해 어떤 생각이 드나요? 다른 사람들은 내가 하나님의 자녀임을 어떻게 알 수 있을까요?

내 영에게 구해라

나는 하늘과 땅의 창조주로, 이제도 있고 앞으로도 있을 모든 것의 주인이다. 나는 상상할 수 없을 만큼 광대하지만, 네 안에 거해서 나의 임재를 통해 너에게 스며들기로 선택했단다. 오직 영적인 영역에서만 무한하게 큰 자가 지극히 작은 자 안에 살 수 있지. 네 안에 있는 나의 영이 갖는 능력과 영광에 경외감을 가져라.

무한한 성령이 너를 도울 것이다. 그는 언제나 너를 도울 준비가 되어 있으니 너는 오직 구하기만 하면 된다. 네 앞의 길이 쉽고 평탄해 보일 때는 나에게 의지하기보다는 혼자 가고 싶은 생각이 들 수도 있다. 바로 이때가 넘어질 수 있는 가장 큰 위기다. 내 영에게 너의 모든 걸음을 도와달라고 구해라. 네 안에 있는 이 영광스러운 힘의 근원을 결코 무시하지 마라.

함께 읽어요

내가 아버지께 구하겠으니 그가 또 다른 보혜사를 너희에게 주사 영원토록 너희와 함께 있게 하리니 그는 진리의 영이라 세상은 능히 그를 받지 못하나니 이는 그를 보지도 못하고 알지도 못함이라 그러나 너희는 그를 아나니 그는 너희와 함께 거하심이요 또 너희 속에 계시겠음이라(요한복음 14:16-17).

더 읽어 보세요 요한복음 16:7; 스가랴 4:6

자녀를 위한 지저스 콜링 73

나의 영이 네 안에 있단다

나는 하늘과 땅의 창조주란다. 지금도 있고 앞으로도 있을 모든 것의 주인이지. 나는 상상할 수 없을 만큼 크지만, 나를 따라 살기로 선택하면 내가 네 안에 산단다. 내가 누구이며, 얼마나 큰 존재인지 생각해 보렴. 나의 영이 네 안에 있으니 마음껏 기뻐해라.

성령님이 너를 돕기 위해 언제나 그곳에 계시니 너는 그저 요청만 하면 된단다. 모든 일이 네 마음대로 되고, 삶에 어려운 일이 없어 보일 때는 혼자 가고 싶은 생각이 들 수도 있어. 바로 이때가 가장 위험하단다. 사탄이 네가 방심하여 내 보호에서 벗어나기만을 기다리고 있거든. 힘든 때를 보내든, 편한 때를 보내든 내 영에게 너의 모든 걸음을 도와달라고 기도해라. 내 영이 너를 강하게 만든단다.

함께 이야기해요

하나님이 얼마나 크고, 광대하고, 강하신 분인지 생각해 보세요. 그리고 하나님의 영이 그분을 믿는 사람들 안에서 사신다는 사실을 떠올려 보세요. 너무나도 놀랍지 않나요? 이 사실이 우리 삶에 어떤 힘을 가져다주나요?

부모를위한 지저스 콜링 74

네 생각을 통제하렴

너의 모든 생각으로 나를 신뢰해라. 어떤 생각은 무의식 또는 의식과 무의식의 사이에 있음을 알기에 그런 생각에 대해서는 너에게 책임을 묻지 않는단다. 그러나 의식적인 사고는 알고 있는 정도보다 더 많이 너의 지시를 받는다. 생각을 특정 방향으로 고정해 나를 신뢰하며 내게 감사하기로 훈련하면, 그 생각은 점점 더 자연스러워진단다.

부정적이거나 죄로 물든 생각이 떠오르거든 인식하는 순간 바로 거부해라. 그 생각들을 숨기려 하지 말고 나에게 고백하고 맡기렴. 가벼운 마음으로 너의 길을 계속 가라. 생각을 통제하는 이 방법은 너의 마음을 나의 임재 속에 두게 하고, 네 발을 평강의 길 위에 놓아 준단다.

함께 읽어요

만일 우리가 우리 죄를 자백하면 그는 미쁘시고 의로우사 우리 죄를 사하시며 우리를 모든 불의에서 깨끗하게 하실 것이요(요한일서 1:9).

더 읽어 보세요 시편 20:7; 누가복음 1:79

자녀를 위한 지저스 콜링 74

나를 중심으로 생각하렴

'walk the walk'라는 영어 표현을 들어 본 적 있니? 이 말은 네가 아는 방식으로 살아야 한다는 뜻이란다. 그러면 'think the thought'라는 표현은 무슨 뜻일까? 이 말은 네가 마땅히 알고 있는 방식으로 생각해야 한다는 뜻이야. 즉, 나를 중심으로 생각해야 한다는 거지. 그러면 죄, 복수, 미움, 자기 연민, 험담 같은 생각이 들어올 틈이 없어진단다.

때로 어디서 왔는지도 모르고, 떠올리고 싶지도 않은 어떤 생각이 머릿속을 스친다는 걸 알아. 그럴 때는 그 생각을 바로 거부해라. 그런 생각에 대해서는 너에게 책임을 묻지 않는단다. 하지만 나쁜 생각에 빠져 있거나, 그것을 익숙한 노래처럼 반복해서 떠올리거든 나에게 가져와라. 그 생각을 숨기려 하지 말고 나에게 고백하고 맡기렴. 깨끗해진 생각과 용서받은 마음으로 너의 길을 계속 가라.

함께 이야기해요

계속 반복해서 하게 되는 생각이 있나요? 예수님께 그 생각을 맡기려면 어떻게 해야 할까요?

찬양과 감사

감사함이 네 마음을 지배하도록 하렴. 범사에 감사하면 놀라운 일이 일어난단다. 네 눈을 덮은 비늘이 벗겨져 나의 영광스러운 부요함을 더 많이 보는 능력을 받지. 이렇게 눈이 열리면 내 보물 창고에서 네게 필요한 것을 맘껏 얻을 수 있다. 내게서 금빛 선물을 받을 때마다 감사함으로 내 이름을 찬양하렴. '할렐루야'라는 말은 '여호와를 찬양하라'는 뜻으로 천국의 언어이자, 네 마음의 언어가 될 수 있단다.

찬양과 감사가 넘치는 풍성한 삶을 누려라. 찬양하고 감사하면 기적이 가득한 삶을 살게 된다. 삶을 통제하려 애쓰지 말고, 나와 내가 하는 일에 초점을 두렴. 찬양의 힘은 전 존재의 중심을 내게 두는 일에서 비롯된단다. 네가 이렇게 살도록 지은 이유는 내 형상을 따라 창조했기 때문이다.

함께 읽어요

감사함으로 그의 문에 들어가며 찬송함으로 그의 궁정에 들어가서 그에게 감사하며 그의 이름을 송축할지어다(시편 100:4).

더 읽어 보세요 골로새서 3:15; 사도행전 9:18; 요한계시록 19:3-6

자녀를 위한 지저스 콜링 75

천국의 언어

  감사함이 네 마음을 다스리도록 하렴. 내가 주는 복에 대해 감사하면 놀라운 일이 일어난단다. 마치 눈가리개가 벗겨지듯 네 눈이 열려 나의 영광스러운 부요함을 더 많이 보게 되지. 그러니 감사의 노래를 부르며 나를 찬양해라!

  감사는 나와 내가 하는 일에 집중하게 한단다. 삶을 통제하려 애쓰지 말고, 긴장을 풀고 네 중심을 내게 두렴. 너는 이렇게 살도록 창조되었으며, 그것이 곧 기쁨의 길이란다. 기쁨이 넘치는 찬양은 천국의 언어이자, 네 마음의 참된 언어다.

함께 이야기해요

왼쪽을 한번 돌아보세요. 복이 보이나요? 그 복을 주신 하나님께 감사드리세요. 이번에는 오른쪽을 돌아보세요. 복이 보이나요? 그 복을 주신 하나님께 감사드리세요. 정면을 똑바로 보세요. 복이 보이나요? 그 복을 주신 하나님께 감사드리세요. 뒤를 돌아보세요. 복이 보이나요? 그 복을 주신 하나님께 감사드리세요.

부모를 위한 지저스 콜링 76

예수님, 도와주세요!

나는 문제, 고통, 그리고 끊임없이 소용돌이치는 세상의 사건을 넘어 모든 것 위에 있단다. 내 얼굴을 바라봄으로 너는 네 환경을 뛰어넘어 나와 함께 천국의 영역에서 쉴 수 있단다. 이것이 내 임재의 빛 안에 살면서 평안을 누리는 길이다.

장담하건대 네 인생에서 문제는 사라지지는 않을 거다. 그러나 결코 그 문제가 네 중심이 되어서는 안 된다. 환경이라는 바다로 가라앉는 기분이 들 때는 "예수님, 도와주세요!"라고 외쳐라. 그러면 너를 다시 내 곁으로 이끌 것이다. 설령 하루에 수천 번 나를 불러야 할지라도 결코 낙심하지 마라. 나는 네 약함을 알며, 바로 그 약함에서 너를 만난단다.

함께 읽어요

또 함께 일으키사 그리스도 예수 안에서 함께 하늘에 앉히시니(에베소서 2:6).

더 읽어 보세요 마태복음 14:28-32; 이사야 42:3

자녀를 위한 지저스 콜링 76

내가 너를 일으켜 줄 거야

나는 문제, 실망과 상처, 그리고 세상 가득한 변화무쌍한 사건을 넘어 모든 것 위에 있단다. 너도 이 모든 것을 넘도록 일으켜 주고 싶구나.

사실 이 세상에 사는 동안에는 계속 문제를 만나게 될 거야. 비틀거리며 세상의 먼지 구덩이 속으로 빠질 수도 있지. 하지만 포기하지 마라. 먼지만 쳐다보지 말고 나를 바라보렴. 손을 뻗어 "예수님, 도와주세요!"라고 소리쳐라.

나는 언제나 네 곁에 있단다. 네 손을 붙잡고 이끌며, 몸의 먼지를 떨어 내고, 내 옆에 앉혀 줄 거야. 그리고 우리가 함께 이 모든 일을 어떻게 이겨 낼 수 있는지 보여 줄 거란다.

함께 이야기해요

마태복음 14장을 보면, 베드로가 물속으로 빠져들어 가면서 "주여, 나를 구원하소서."라고 외쳐요. 그 단순한 기도로 베드로는 어떻게 되었나요? 이런 기도가 우리를 어떻게 도울 수 있을까요?

네 삶의 주인

두 주인을 섬길 수는 없다. 진심으로 나를 주라 고백하는 자는 다른 어떤 이보다 나를 기쁘게 해주고 싶어 할 거다. 사람들을 기쁘게 하는 일을 목표로 삼았다면 너는 그들의 노예가 된 것이다. 또 사람들에게 주인이 될 수 있는 권한을 넘겨주면 그들은 가혹하게 주인 노릇을 한다.

나를 네 삶의 주인으로 모셔 들여라. 네가 나를 섬기는 것은, 너를 향한 나의 광대하고 무조건적인 사랑 때문이다. 내 앞에서 더 낮아질수록 내가 너를 높여 나와의 친밀한 관계 속으로 이끌 것이다. 마음 중심에 나를 영접하고 사는 기쁨을 능가할 기쁨은 아무것도 없단다. 갈수록 나와 더욱 친밀한 교제를 나누면서 얻는 기쁨이 네 삶을 통해 나타났으면 좋겠구나.

함께 읽어요

한 사람이 두 주인을 섬기지 못할 것이니 혹 이를 미워하고 저를 사랑하거나 혹 이를 중히 여기고 저를 경히 여김이라 너희가 하나님과 재물을 겸하여 섬기지 못하느니라(마태복음 6:24).

더 읽어 보세요 요한계시록 2:4; 에베소서 3:16-17; 시편 16:11

자녀를 위한 지저스 콜링 77

내가 너의 주인이 되게 하렴

두 주인을 섬길 수는 없단다. 한 주인의 노예가 되면 다른 주인은 잊어버리게 될 거야. 이것은 네가 시간을 보내는 일이 무엇이든, 생각을 쏟는 일이 무엇이든, 그 모든 일이 네 주인이 될 수 있다는 뜻이란다. 내가 너의 주인인지 확인해 보렴.

만일 친구들에게 좋은 인상을 심어 주려고 너무 많은 시간과 에너지를 쏟는다면, 친구들이 네 주인이 되는 셈이란다. 게임에서 최고 점수를 얻을 생각에만 빠져 있다면, 게임이 네 주인이 되는 거야. 시험에서 만점을 받는 것이 가장 큰 소원이라면, 성적이 네 주인이 되는 거지.

하지만 친구들이 너에게 무엇이 가장 좋은지 항상 아는 건 아니야. 게임 기록은 깨지게 마련이고, 학교도 영원히 다니는 건 아니지. 오직 나만이 영원하단다. 네 마음을 나에게 주고, 내가 너의 주인이 되게 하렴. 나는 너를 노예가 아닌 내 자녀로 삼는단다.

함께 이야기해요

우리의 시간과 에너지를 쓰고, 생각을 쏟는 일이 우리의 주인이에요. 주인과 같은 일에는 무엇이 있을까요? 여러분의 주인은 누구인가요? 하나 이상의 주인이 있나요? 예수님이 유일한 주인이 되시도록 하려면 무엇을 할 수 있을까요?

모험을 즐겨라

나와 함께 기꺼이 위험을 감수해라. 내가 위험으로 널 이끈다면, 그곳이야말로 네가 가장 안전하게 거할 장소다. 위험 없는 인생을 살고자 하는 욕구는 불신앙의 모습이란다. 나와 가까이 살고자 하는 갈망은 위험을 최소화하려는 시도와 서로 상충한다. 네 인생길의 갈림길에 다가서고 있구나. 온 마음으로 나를 따르기 원한다면 안전을 추구하는 성향을 내려놓아야 한다.

오늘 하루 너를 한 걸음씩 인도해 주겠다. 주 초점을 내게 두면 위태로운 길도 두려움 없이 걸을 수 있단다. 우리가 함께하는 여행에서 펼쳐지는 모험을 마침내 즐기며 쉬는 법을 배우게 될 거다. 내 곁에 머물러 있는 한 나의 주권적 임재는 네가 가는 어디서나 너를 보호한단다.

함께 읽어요

사람이 나를 섬기려면 나를 따르라 나 있는 곳에 나를 섬기는 자도 거기 있으리니 사람이 나를 섬기면 내 아버지께서 그를 귀히 여기시리라(요한복음 12:26).

더 읽어 보세요 시편 23:4; 시편 9:10

자녀를 위한 지저스 콜링 78

위험을 감수하렴

안전한 곳에서 기꺼이 나오렴. 나와 함께 위험을 감수하자꾸나. 내가 인도하는 곳이라면 아슬아슬해 보이더라도 너에게 가장 안전한 장소란다.

가능하면 모든 위험을 피하며 안전하게 지내길 바라겠지만, 나와 가까이 살면 위험을 감수할 일이 생긴다. 위험 없는 삶을 살고자 애쓰는 것은 나를 진심으로 믿지 않는다는 걸 보여 준단다. 어떤 대가를 치르더라도 안전을 위해 계속 애쓰며 살 건지, 아니면 온 마음으로 나를 따를 건지 결정해야 해.

혼자 일어서지 못하는 사람을 지지해 주고, 친구에게 안 된다고 말하고, 낯선 사람에게 나에 대해 말하라는 요청을 할지도 몰라. 네가 그렇게 할 수 있도록 힘과 용기를 주겠다.

나와 함께하는 삶은 모험이란다. 나에게 꼭 붙어 있으면 나의 보호를 받는 것은 물론이고, 긴장을 풀고 모험을 즐기는 법을 배우게 될 거야. 그러니 내가 인도하는 곳이라면 위험을 감수하고라도 어디든 기꺼이 따라오렴.

함께 이야기해요

옳은 일이지만 그다지 재미는 없는 일을 해야 했던 적이 있나요? 다른 사람들보다 돋보일 정도로 친절하게 사람들을 대하고, 좋은 일을 한 적이 있나요? 비록 힘들긴 했지만 예수님이 자랑스럽게 생각하실 일을 하는 것이 기분 좋았나요?

소망을 붙들어라

나는 나의 임재를 조심스럽게 알린단다. 은은하게 빛나는 나의 광채가 네 의식의 문을 두드리며 들어갈 입구를 찾고 있지. 하늘과 땅의 모든 능력을 가진 내가 무한한 온화함으로 너에게 다가간다. 네가 약할수록 더 부드럽게 다가가지. 너의 약함이 내가 임하는 통로가 되게 하렴. 네가 부족한 존재라고 느껴질 때 내가 너의 영원한 도움이라는 사실을 기억해라.

내 안에서 소망을 품으면 우울함은 사라지고 자기 연민에서 헤어날 수 있단다. 소망은 너를 천국과 연결하는 황금 밧줄이다. 이 줄을 꽉 붙잡을수록 내가 네 짐을 더 많이 지지. 중압감은 내게 속한 것이 아니다. 소망을 붙들면 내 빛줄기가 어둠을 뚫고 너에게 닿을 거란다.

함께 읽어요

하나님은 우리의 피난처시요 힘이시니 환난 중에 만날 큰 도움이시라(시편 46:1).

더 읽어 보세요 로마서 12:12; 로마서 15:13

자녀를 위한 지저스 콜링 79

내 속삭임이 들리니?

나는 언제나 너와 함께 있단다. 지금도 너와 함께하고 있지. 마음속에서 부드럽게 속삭이는 소리가 들리니? 그게 바로 나란다. 마음을 가볍게 두드리는 게 느껴지니? 그것도 나란다. 나는 하늘과 땅의 모든 힘을 가졌어. 그 힘으로 바람과 파도도 내 마음대로 할 수 있지. 하지만 너와 함께할 때는 한없이 온화하게 다가간단다. 네가 아파할수록 더 부드럽게 다가가지.

사람들이 너를 부족한 존재라고 느끼게 하고 외롭게 내버려 둘 때 내 안에서 소망을 가지렴. 내가 주는 소망은 단순히 상황이 나아지기를 바라는 어떤 기대가 아니야. 내가 너를 항상 도와주겠다는 약속이 바로 소망이지. 네가 겪는 문제를 내가 짊어지고 네 마음을 가볍게 해주겠다. 내가 항상 너를 도우니 너는 결코 혼자가 아니란다.

함께 이야기해요

마태복음 28장 20절에서 예수님은 "너희와 항상 함께" 있겠다고 약속하셨어요. 절대 우리를 떠나지 않으시는 예수님의 임재가 어떻게 소망과 도움을 주시나요?

부모를 위한 지저스 콜링 80

내 곁에 가까이 머물러라

나와 가까이 살면서 나를 예배하렴. 이것이 인간을 향한 나의 원래 계획으로 그들에게 내 생명의 숨을 불어넣었다. 이것은 너를 향한 내 계획이니 인생길을 걷는 동안 내 가까이 머물러라.

이 여정에서는 하루하루가 다 중요하다. 이 세상에서의 삶이 도무지 아무런 진척이 없는 듯 느껴질 수도 있다. 그러나 영적인 여정은 전혀 다른 문제로, 가파르고 험난한 길이 펼쳐지는 모험의 길을 따라 너를 데려간단다. 비틀거리며 넘어지지 않으려면 내 빛 가운데서 걸어야 하지. 내 곁에 가까이 머무는 일은 너 자신을 산 제물로 드리는 행위다. 하루 중 가장 일상적인 부분조차도 거룩하고 나를 기쁘게 하는 영적 예배가 될 수 있단다.

함께 읽어요

그러므로 형제들아 내가 하나님의 모든 자비하심으로 너희를 권하노니 너희 몸을 하나님이 기뻐하시는 거룩한 산 제물로 드리라 이는 너희의 드릴 영적 예배니라 너희는 이 세대를 본받지 말고 오직 마음을 새롭게 함으로 변화를 받아 하나님의 선하시고 기뻐하시고 온전하신 뜻이 무엇인지 분별하도록 하라(로마서 12:1-2).

더 읽어 보세요 창세기 2:7; 시편 89:15

비밀 임무

 희생이라는 단어는 이해하기 어려운 말이란다. 희생을 연습하기란 훨씬 더 어렵지. 이 말은 다른 사람을 기쁘게 하거나 돕기 위해 네가 원하는 일을 포기하는 것을 뜻해. 나와의 관계에서는, 네 인생을 마음대로 살고 싶은 마음을 포기하고, 내가 너에게 원하는 삶의 모습을 보여 주게 하는 거란다. 나를 기쁘게 하려고 너의 의지를 내게 바치는 것이 바로 예배야.

 나를 위해 멋진 모험을 하고 싶어 한다는 걸 안다. 하지만 때로는 눈에 잘 보이지 않는 일들이 가장 위대한 모험이 된단다. 너무 평범한 일상일지 모르지만, 영적으로는 거대한 비밀 임무를 수행하는 중일 수도 있어. 믿음의 산에 올라 내 임재의 보물을 발견하고 있을지도 모르니까 말이야. 나와 가까이 사는 것은 너 자신을 산 제물로 나에게 바치는 것과 같단다. 이 예배가 나를 기쁘게 하고, 평범한 일상조차도 예배라는 영적 모험이 되게 한단다.

함께 이야기해요

누군가를 도와준 적이 있나요? 다른 사람들을 위해 어떤 일을 하려고 원하는 것을 포기한 적이 있나요? 부모님은 여러분을 위해 어떤 희생을 하셨을까요? 예수님은 여러분을 위해 어떤 희생을 하셨을까요?

내 얼굴을 구해라

내 얼굴을 구하는 일에 최선의 노력을 다해라. 나는 끊임없이 너와 소통하고 있단다. 나를 찾고 내 음성을 들으려면 무엇보다 나를 구해야 한다. 나보다 더 갈망하는 대상은 우상이 된다. 네 방식대로 살기로 하면 의식에서 나를 지워 버리는 것과 같단다.

어떤 목표를 혼자 힘으로 이루려 애쓰기보다 그 문제에 대해서 나와 이야기를 나누자꾸나. 내 임재의 빛이 네가 추구하는 일을 비춰 그 대상을 나의 관점에서 보도록 하렴. 그 목표가 너를 향한 내 계획과 맞는다면, 나는 네가 이룰 수 있도록 돕는다. 그러나 너를 향한 내 뜻을 거스른다면, 나는 점차 네 마음의 욕구를 바꾼다. 먼저 나를 구해라. 그러면 네 남은 인생이 하나하나 제자리를 찾게 될 거다.

함께 읽어요

그런즉 너희는 먼저 그의 나라와 그의 의를 구하라 그리하면 이 모든 것을 너희에게 더하시리라(마태복음 6:33).

더 읽어 보세요 역대상 16:11; 잠언 19:21

자녀를 위한 지저스 콜링 81

먼저 나를 찾으렴

너에게 크고 작은 목표가 있다는 걸 안단다. 오늘만을 위한 목표가 있고, 인생 전체를 위한 목표도 있을 거야. 이 목표 하나하나에 대해 나와 이야기했으면 좋겠구나. 네가 원하는 일에 무턱대고 뛰어들어 놓고 나에게 복을 달라고 하지 마라. 네 마음대로 살기로 하면 나를 빠뜨리는 것과 같단다.

먼저 나와 이야기하자꾸나. 모든 일을 나의 눈으로 보도록 내가 너를 돕겠다. 네 목표가 너를 향한 내 계획과 들어맞는다면, 나는 네가 그 목표를 이룰 수 있도록 돕는단다. 그러나 너를 향한 내 계획과 어긋난다면, 나는 천천히 네 마음을 바꾸어 내가 원하는 바를 너도 원하게 할 거란다. 먼저 나를 찾으렴. 그러면 네 인생이 하나하나 제자리를 찾게 될 거야.

함께 이야기해요

오늘 하루, 그리고 인생에 대해 어떤 목표가 있나요? 목표를 세울 때 예수님이 빠져 있지는 않나요? 어떻게 하면 예수님을 가장 먼저 생각할 수 있을까요? 예수님께 기도하며 내 삶을 향한 목표를 보여 달라고 그분을 초대하려면 어떻게 해야 할까요?

부모를 위한 지저스 콜링 82

선을 이루는 삶

네 삶의 모든 일에서 나를 신뢰해라. 내 왕국에서 우연히 일어나는 일은 없단다. 하나님을 사랑하는 자, 곧 그의 뜻대로 부르심을 입은 자들에게는 모든 것이 합력하여 선을 이룬다. 모든 일이 합력하는 복잡한 방법을 분석하기보다는 나를 신뢰하고 항상 내게 감사하는 일에 힘을 쏟아라. 네가 내 곁에서 친밀하게 걸을 때 낭비란 없다. 실수와 죄까지도 너를 변화시키는 내 은혜를 통해 선한 것으로 바뀐단다.

네가 여전히 어둠 속에 있을 때 죄로 얼룩진 너의 삶에 내 임재의 빛을 비추었다. 너를 수렁에서 건져 나의 놀라운 빛 속에 두었다. 너를 위해 내 생명까지 바쳤기에, 너는 마땅히 네 삶의 모든 면에서 나를 신뢰해야 한다.

함께 읽어요

그러나 무릇 여호와를 의지하며 여호와를 의뢰하는 그 사람은 복을 받을 것이라(예레미야 17:7).

더 읽어 보세요 로마서 8:28; 시편 40:2; 베드로전서 2:9

자녀를 위한 지저스 콜링 82

날개를 달아 줄게

네 삶의 모든 일에서 나를 신뢰하렴. 네 인생, 그리고 구원 같은 큰 일 모두 나를 신뢰해라. 우정, 희망과 꿈, 심지어 무엇을 입고, 무엇을 할지 선택할 때도 나를 신뢰하렴. 나에게는 너무 큰일도, 너무 작은 일도 없다. 나는 거대한 에베레스트산부터 가장 작은 모래알까지 모든 것을 만든 창조주란다.

나와 함께 있을 때 너는 안전하다. 실수를 저지른 일이 있다면 내게 고백하렴. 너를 절대 비웃지 않겠다. 죄지은 일도 다 말하렴. 그 죄가 더는 생각나지 않게 하겠다. 너를 용서하고, 응원하고, 사랑하기 위해 내가 여기에 있단다. 모든 일을 나에게 가져오면 버릴 것이 하나도 없다. 내 은혜는 죄와 실수까지도 멋지게 변화시키기 때문이지. 마치 애벌레를 웅장한 나비로 변화시키는 것처럼 말이야. 모든 일에서 나를 신뢰하렴. 네 삶에 날개를 달아 날아오를 수 있게 해주겠다.

함께 이야기해요

로마서 8장 28절은 하나님이 우리의 죄와 실수까지도 선한 것으로 바꾸실 수 있다고 약속해요. 이 약속이 삶의 모든 일에서 하나님을 신뢰하는 데 도움이 되나요? 모든 것을 가지신 예수님을 신뢰하면 날개를 달고 날아오를 수 있을까요?

완벽을 추구하는 갈망

너는 타락한 세상, 곧 죄로 얼룩진 세상에 살고 있음을 늘 기억해야 한다. 이 땅에서 완벽함을 추구하다 보면 좌절감과 실패감을 느끼게 된단다. 이 세상에 나 말고 완벽한 것은 없다. 나와의 친밀함이 깊은 열망을 만족시키고, 너에게 기쁨을 채워 주는 이유가 바로 여기에 있다.

내가 인간의 마음에 완벽을 간절히 바라는 마음을 심어 두었다. 이것은 선한 갈망으로 오직 나만이 채울 수 있단다. 그런데 너무나 많은 사람이 다른 사람이나 세상에서의 기쁨과 성공으로 이 갈망을 채우려 하는구나. 그래서 우상을 만들어 고개 숙여 숭배하지. 나 외에는 다른 신들을 너에게 두어서는 안 된다. 마음 깊이 가장 갈망하는 대상이 내가 되게 하렴. 완벽을 추구하는 네 갈망은 내가 채울 거란다.

함께 읽어요

너는 나 외에는 다른 신들을 네게 두지 말라(출애굽기 20:3).

더 읽어 보세요 로마서 8:22; 시편 37:4

자녀를 위한 지저스 콜링 83

완벽을 찾아서

너를 포함해 모든 사람을 창조할 때, 완벽함을 간절히 원하는 마음을 심어 두었단다. 너무나 많은 사람이 세상에 있는 것들로 이 마음을 채우려 하는구나. 그래서 멋진 물건이나 최신 유행하는 옷을 가지려고 애쓰지. 학교에서 가장 인기 있는 사람이 되려고 하거나, 스포츠 분야 또는 무대에서 스타가 되려고 노력하기도 한다. 심지어 마약이나 술에 손을 대는 사람도 있지.

이 갈망을 채우기 위해서라면 무슨 일이든 하는 사람이 있을 거야. 나에게 의지하는 것만 빼고 말이야. 네가 가장 바라는 일, 시간과 관심을 쏟아 열렬히 사랑하는 대상이 너의 신, 너의 우상이 된단다. 그러나 나 외에는 다른 신들을 너에게 두어서는 안 된단다. 오직 나만이 하나님이다. 네 예배와 찬송을 받을 대상은 오직 나뿐이란다. 그리고 오직 나만이 완벽을 원하는 네 갈망을 채운단다.

함께 이야기해요

왜 하나님은 그분만이 우리 삶의 첫 번째가 되어야 한다고 말씀하실까요? 내가 하고 싶은 일보다 하나님이 우리에게 원하시는 일을 하는 것이 왜 더 중요할까요? 십계명을 읽어 보세요. 하나님이 첫 번째가 되어야 한다는 말은 몇 번째 계명에 있나요?

부모를 위한 지저스 콜링 84

내 이름으로 기도해라

혼란의 한복판에서 나를 찾아라. 때로 사건들이 네 주변에서 너무 빠르게 휘몰아치면 앞이 흐릿해지지. 내가 여전히 너와 함께 있음을 깨닫고 내 이름을 속삭여라. 네가 해야 하는 활동을 건너뛰지 않으면서 내 이름을 부르는 기도를 통해 힘과 평안을 찾는단다. 나중에 일이 다 지나고 나면 나와 좀 더 자세히 이야기 나눌 수 있다.

하루하루의 삶을 있는 그대로 받아들여라. 다른 환경이기를 바라느라 시간과 에너지를 낭비하지 마라. 나를 깊이 신뢰함으로 내 계획과 목적에 순종해라. 그 무엇도 내 사랑의 임재에서 너를 떼어 놓을 수 없음을 기억하렴. 너는 내 것이란다.

함께 읽어요

이러므로 하나님이 그를 지극히 높여 모든 이름 위에 뛰어난 이름을 주사 하늘에 있는 자들과 땅에 있는 자들과 땅 아래에 있는 자들로 모든 무릎을 예수의 이름에 꿇게 하시고 모든 입으로 예수 그리스도를 주라 시인하여 하나님 아버지께 영광을 돌리게 하셨느니라(빌립보서 2:9-11).

더 읽어 보세요 시편 29:11; 이사야 43:1

자녀를 위한 지저스 콜링 84

내 이름을 속삭이렴

회오리바람 한가운데서 빙글빙글 돌다가 금방이라도 쓰러질 것 같은 두려움이 드는 날이 있을 거야. 그럴 때는 내 이름을 조용히 속삭이렴. "예수"라고 말이야.

이 단순한 말 한마디로 내가 네 곁에 있음을 깨닫게 될 거야. 이렇게 내 이름을 속삭이는 것은 내가 모든 것의 주인이며, 그것을 통제한다는 사실을 인정하고 선포하는 일이지. 나를 부르는 이 한마디는 폭풍 속에서도 네 마음을 열어 나의 능력과 평안을 경험하게 한단다. 내 이름을 속삭이기만 해도 내가 네 가까이 있다는 걸 느낄 수 있음을 항상 기억하렴.

함께 이야기해요

걱정하는 일을 한번 떠올려 보세요. 이번에는 눈을 감고 예수님의 이름을 속삭여 보세요. 여러분이 감당하기에는 너무 큰 문제를 다루어 주시기 위해 예수님이 바로 여러분 곁에 계신다는 게 느껴지나요?

진정한 기쁨

　기쁨은 환경에 좌우되지 않는단다. 불행한 사람들 가운데는 부러움을 살 만한 환경을 누리는 사람이 많단다. 사회적 경력으로는 최고층에 오른 사람들이 자신들 앞에 놓여 있는 공허함을 발견하고는 깜짝 놀라지. 진정한 기쁨은 내 임재 안에서 살 때 누리는 부산물과 같다. 그러므로 궁궐이든, 감옥이든, 어디서나 진정한 기쁨을 경험할 수 있단다.

　오늘 하루 어려움이 있었다고 해서 기쁨이 없는 날로 판단하지 마라. 대신 나와 계속해서 소통하는 일에 집중해라. 네가 신경 쓰는 대부분의 문제가 저절로 해결된단다. 반드시 처리해야 하는 다른 문제들은 내가 도와주겠다. 문제 해결을 내 곁에 가까이 사는 일 다음의 이차적인 목표로 삼는다면, 가장 힘겨운 날에도 기쁨을 발견할 수 있단다.

함께 읽어요

존귀와 위엄이 그의 앞에 있으며 능력과 즐거움이 그의 처소에 있도다(역대상 16:27).

더 읽어 보세요 하박국 3:17-19

자녀를 위한 지저스 콜링 85

행복과 기쁨

행복과 기쁨은 같은 것이 아니란다. 행복은 이 세상, 곧 네 주변에서 일어나는 일에 좌우되지. 시험에서 1등을 하거나, 운동 경기에서 결승점을 냈을 때, 또는 친한 친구와 놀러 갈 때 느끼는 마음이 행복이란다. 행복해지려면 모든 일이 제대로 돌아가야 하지. 이런 행복은 멋진 일이지만 오래가지는 못 한단다.

하지만 진정한 기쁨은 완전히 다르단다. 기쁨은 이 세상에 의해 결정되지 않아. 좋은 하루를 보내고 있는지도 상관없지. 기쁨은 나에게 달렸단다. 내가 모든 일을 통제하고 있고, 너를 사랑하며, 앞으로도 너를 보살필 거라는 사실을 알 때 기쁨이 찾아오지. 시험을 망쳤을 때, 운동 경기에서 꼴찌를 했을 때, 친구와 놀 시간이 없을 때조차 기쁨을 누릴 수 있단다. 나와 가까이 지내면 모든 환경에서 내가 주는 기쁨을 누리게 될 거야.

함께 이야기해요

기쁨과 행복이 어떻게 다른지 설명할 수 있나요? 몇 가지 예를 들어 말해 보세요. 예수님을 의지하면 무슨 일이 일어나든 기쁨을 누리게 해주실까요? 그게 어떻게 가능할까요?

부모를 위한 지저스 콜링 86

산으로 오르는 길

내가 너를 위해 선택한 길을 나와 함께 계속해서 걸어가렴. 내 곁에서 가까이 살고 싶어 하는 너를 보니 내 마음이 참 기쁘구나. 네가 원하는 영적 부요함을 지금 당장 줄 수도 있지만, 그것은 너를 위한 방식이 아니란다. 우리는 함께 높은 산으로 오르는 길을 만들 거다.

우리가 가는 여정은 때때로 험하고, 너는 연약하다. 언젠가는 높은 봉우리 위에서 가벼운 발걸음으로 춤추겠지만, 너의 발걸음은 종종 느릿하고 무거울 거다. 지금 네가 해야 할 일은 내 손을 꼭 붙들고 힘과 방향을 간구하며 다음 걸음을 내딛는 거다. 비록 이 순간 길이 가파르고 눈앞에 펼쳐지는 풍경이 무료하지만, 저 굽이를 돌면 깜짝 놀랄 일이 있단다. 너를 위해 선택한 이 길을 계속해서 가라. 진정 생명의 길이란다.

함께 읽어요

여호와께서 사람의 걸음을 정하시고 그의 길을 기뻐하시나니 그는 넘어지나 아주 엎드러지지 아니함은 여호와께서 그의 손으로 붙드심이로다(시편 37:23-24).

더 읽어 보세요 이사야 40:31; 시편 16:11

자녀를 위한 지저스 콜링 86

멋진 여행

우리는 함께 멋진 여행을 하고 있단다. 우리의 최종 목적지는 천국이지만, 그 길을 가는 동안 수많은 모험이 있지.

친구를 사귀는 즐거운 날도 있고, 의심이 드는 일이 생겨 몸부림치는 최악의 날도 있을 거야. 이 세상의 일이 마음을 어지럽히고 유혹할 때, 말도 안 되는 우여곡절을 겪기도 하지. 가끔은 주변 풍경이 아름다워 보일 거야. 그런 날에는 내가 놀라운 방법으로 일하는 것을 볼 수 있어. 그런가 하면 무서운 풍경이 펼쳐지는 날도 있단다. 옳은 일을 위해 홀로 서 있어야 할 때처럼 말이야. 하지만 네가 어떤 여정에 있든 내가 바로 그곳에 너와 함께 있어.

좋은 날에는 함께 산꼭대기로 뛰어오르고, 힘겨운 날에는 네 손을 잡고 넘어지지 않게 한단다. 생명의 길을 걷는 동안 내가 언제나 네 곁에 있다는 걸 기억하렴.

함께 이야기해요

여러분의 인생은 어떤 여행인가요? 지금까지 즐거운 날과 최악의 날 등 여러 가지 일을 다 경험해 보았나요? 예수님이 그 여행을 어떻게 도와주셨나요? 예수님이 우리를 절대 떠나지 않으신다는 걸 알고 나니 앞으로 다가올 여행에 대해 어떤 생각이 드나요?

부모를 위한 지저스 콜링 87

나를 기쁘게 하는 일

다른 무엇보다 나를 기쁘게 하려고 애쓰렴. 오늘 하루도 수많은 선택의 순간이 있을 것이다. 그 가운데 대다수는 신속하게 결정해야 하는 사소한 일이지. 그래서 네가 현명한 선택을 내리도록 도와줄 수 있는 실제적인 규칙이 필요하다.

많은 사람이 습관적으로, 또는 자기 자신이나 다른 사람들을 기쁘게 할 생각으로 결정을 내린다. 그러나 이 방식은 너를 위해 내가 준비한 길이 아니란다. 나를 기쁘게 하고자 한다면 중요한 결정뿐 아니라, 아주 작은 것까지도 내게 맡기렴. 이것은 너와 내가 친밀하게 소통하며 살 때 가능한 일이란다. 내 임재가 너의 가장 깊은 기쁨이 되면 거의 본능적으로 내가 무엇을 기뻐하는지 알게 된다. 올바른 선택을 하는 데 필요한 일은 재빨리 나를 바라보는 것뿐이란다. 더욱더 나를 기뻐하며, 네가 행하는 모든 일에서 내 기쁨을 추구해라.

함께 읽어요

나를 보내신 이가 나와 함께하시도다 나는 항상 그가 기뻐하시는 일을 행하므로 나를 혼자 두지 아니하셨느니라(요한복음 8:29).

더 읽어 보세요 히브리서 11:5-6; 시편 37:4

자녀를 위한 지저스 콜링 87

선택과 결정

너 자신보다, 다른 사람들보다 나를 먼저 기쁘게 해주렴. 오늘 하루도 선택해야 할 일이 많을 거야. 그 가운데 대다수는 재빨리 결정해야 하는 사소하고 일상적인 일이지. 무엇을 입을지, 점심을 누구와 같이 먹을지, 독후감을 어떻게 써야 하는지 등 소소한 일 말이야.

많은 사람이 습관적으로 결정을 내린단다. 항상 하던 일과 같은 방향으로 선택을 내리거나, 자기 자신이나 다른 사람들을 기쁘게 할 생각으로 선택을 내리지. 하지만 이 방식은 네게 바라는 바가 아니란다. 중요한 일이든, 작은 일이든 나를 기쁘게 하는 일을 선택했으면 좋겠구나.

나를 기쁘게 하는 일이 가장 큰 소원이 되면 올바른 결정을 내리기가 더 쉬워진단다. 나의 도움과 인도를 요청하는 일에 필요한 것은 "예수님"이라는 짧은 한마디 기도가 전부란다. 네가 하는 모든 일에서 나를 기쁘게 하려고 노력하렴.

함께 이야기해요

크고 작은 일을 어떻게 결정하나요? 자기 자신이나 다른 사람들을 기쁘게 하려고 애쓰나요? 아니면 예수님을 기쁘게 해드리려고 노력하나요? 여러분이 예수님을 가장 먼저 기쁘게 해드리려고 하는지를 어떻게 알 수 있을까요?

높은 곳으로

너는 지금 크고 작은 문제가 넘쳐 나는 상황에 짓눌려 압박감을 느끼는구나. 당연히 문제에 몰두하게 되겠지만, 그 유혹에 항복해서는 안 된다. 삶에 고난이 닥치는 순간에는 나와 함께 좋은 시간을 보내며 자유를 누리렴.

내 모든 능력과 영광을 되새기며 내가 누구인지 기억해라. 그리고 겸손히 기도하고 간구하렴. 내 임재의 빛 속에서 문제를 바라보면 그 문제는 어느새 색이 바래지. 부정적인 환경 한가운데서도 구원의 하나님인 내 안에서 기뻐하는 것을 배울 수 있단다. 너의 힘인 내게 의지하면, 네 발을 사슴과 같게 하여 너를 높은 곳으로 다니게 하겠다.

함께 읽어요

하나님이 모세에게 이르시되 나는 스스로 있는 자이니라 또 이르시되 너는 이스라엘 자손에게 이같이 이르기를 스스로 있는 자가 나를 너희에게 보내셨다 하라(출애굽기 3:14).

더 읽어 보세요 시편 63:2; 하박국 3:17-19

자녀를 위한 지저스 콜링 88

문제에서 벗어나렴

문제에 빠져드는 기분이 들 때가 있단다. 그럴 때는 잠시도 쉴 틈이 없는 것만 같지. 예를 들어, 수학 문제가 이해되지 않거나, 운동 경기를 제대로 할 수 없거나, 가정에서 일어난 문제가 점점 더 커질 때 그런 기분이 들 거야.

힘겨운 싸움을 해야 하는 순간에는 그곳에서 벗어나 밖으로 나가렴. 그리고 조용한 장소로 가서 심호흡을 한 번 하고 겸손히 네 생각을 내게 전해 주렴. 내 모든 힘과 영광을 되새기며 내가 누구인지 기억해라. 내 임재의 빛으로 문제를 비추어 주고, 그 문제를 있는 그대로 보도록 도와줄게. 그리고 문제를 겪는 상황에서조차 기쁨을 누리게 해주겠다. 우리가 함께라면 어떤 일이든 다룰 수 있단다.

함께 이야기해요

예수님께 기도드려야 하는 문제가 있나요? 예수님의 눈으로 여러분의 문제를 바라본다는 것은 어떤 의미인가요? 예수님의 눈으로 문제를 바라보면 그것을 더 잘 다루고, 심지어 기쁨을 누릴 수 있다고 해요. 그 일이 어떻게 가능할까요?

여분의 힘

나는 너의 힘이요, 방패란다. 네가 잠자리에서 일어나기 한참 전부터 나는 너의 하루를 계획해서 준비해 두었단다. 그뿐 아니라 네가 한 걸음씩 걸을 때마다 필요한 힘을 공급한다. 네 힘을 어떻게 안배해야 할지, 그리고 앞으로 어떤 일이 일어날지 고민하는 대신 나와 계속해서 소통하는 일에 집중하렴. 나의 능력은 우리가 막힘없이 소통하면 자유롭게 너에게로 흘러든단다. 걱정하는 데 에너지를 낭비하지 않으면 여분의 힘이 생길 것이다.

두려운 마음이 들 때면 내가 너의 방패임을 기억해라. 생명력 없는 갑옷과 달리 나는 항상 깨어 적극적으로 일한단다. 언제나 내가 네 안에서 너를 지켜보며 모든 위험에서 너를 보호한다. 가장 좋은 안전 시스템인 내 보살핌에 너 자신을 맡기렴. 나는 너와 함께 있어 네가 어디로 가든지 너를 지킬 것이다.

함께 읽어요

여호와는 나의 힘과 나의 방패이시니 내 마음이 그를 의지하여 도움을 얻었도다 그러므로 내 마음이 크게 기뻐하며 내 노래로 그를 찬송하리로다(시편 28:7).

더 읽어 보세요 마태복음 6:34; 시편 56:3-4; 창세기 28:15

자녀를 위한 지저스 콜링 89

가장 좋은 안전 시스템

나는 너의 힘이자 방패란다. 매일 아침 네가 잠자리에서 일어나기 한참 전부터 나는 너의 하루를 계획해서 준비해 두었단다. 앞으로 어떤 일이 일어날지, 그리고 그것을 어떻게 해결할지 걱정하는 대신 나에게 그 일에 대해 이야기하렴. 나는 이미 모든 것을 알고 있단다. 나에게 도움을 청하면 나의 능력이 자유롭게 너에게로 흘러들지. 어떤 일이 생겨도 충분히 맞설 수 있을 만큼 튼튼해질 거야.

두려운 마음이 들 때면 내가 너의 방패임을 기억하렴. 나는 차가운 쇳덩어리가 아니라, 살아 있고 항상 깨어 있는 방패란다. 매 순간 내가 너를 지켜보며 모든 위험에서 너를 보호한다. 나는 절대 잠을 자지 않아. 절대 쉬는 법이 없고, 마음이 산만하지도 않단다. 너의 힘이자 방패인 내게 너 자신을 맡기렴. 나는 네게 가장 좋은 안전 시스템이란다!

함께 이야기해요

방패는 무슨 역할을 하나요? 예수님은 어떻게 우리의 방패가 되시나요? 예수님은 우리를 어떻게 보호하시며, 우리에게 어떻게 용기와 힘을 주실 수 있을까요?

명백한 자유

자유로이 용서하면서 나와 함께 걸어가자. 우리가 함께 걷는 길은 때로 가파르고 미끄럽지. 등 뒤에 죄라는 짐을 지면 넘어지고 쓰러질 수밖에 없다. 네가 요청하면 너에게서 그 무거운 짐을 벗겨 십자가 아래에 묻는다. 내가 네 짐을 벗기면, 너는 부인할 수 없이 명백하게 자유로워지지.

내 임재 가운데 똑바로 곧게 서서 어느 누구도 네 등에 짐을 지우지 못하게 하렴. 내 얼굴을 바라보며 너를 비추는 내 사랑의 따뜻한 빛을 느껴라. 바로 이 조건 없는 사랑이 너를 두려움과 죄에서 자유롭게 한다. 시간을 내어 내 임재의 빛을 쬐렴. 나를 더욱 친밀히 알아 갈수록 점점 더 자유로워진단다.

함께 읽어요

날마다 우리 짐을 지시는 주 곧 우리의 구원이신 하나님을 찬송할지로다(시편 68:19).

더 읽어 보세요 요한일서 1:7-9; 요한일서 4:18

자녀를 위한 지저스 콜링 90

자유를 누리렴

너는 지금 부모님께 한 말에 대한 죄책감, 친구의 배신에 대한 분노, 실망스러운 일에 대한 슬픔 등 여러 가지 짐을 지고 다니는구나. 그렇게 무거운 짐을 짊어지라고 너를 창조한 게 아니란다.

그 짐을 지면 넘어지고 쓰러질 수밖에 없어. 죄책감과 분노를 지고 다니면 해서는 안 되는 말과 행동을 하며 죄를 지을 가능성이 커진단다.

네 짐을 나에게 주었으면 좋겠구나. 그것을 내게 넘겨주고 뒤돌아보지 마라. 너를 짐에서 벗어나게 하려고 내가 십자가에서 죽었단다. 내가 모든 죄를 용서하고 싹 쓸어 버려 너를 자유롭게 해주겠다!

함께 이야기해요

분노, 죄책감, 슬픔과 같은 감정이 어떻게 짐과 같을 수 있을까요? 예수님이 우리의 짐을 덜어 주신다는 걸 믿을 수 있나요? 예수님께 드려야 할 짐이 있나요?

부모를 위한 지저스 콜링 91

나의 계획

너의 필요와 나의 부요함은 완벽하게 한 쌍을 이룬다. 나는 네가 자급자족하며 살기를 결코 의도한 적이 없다. 대신 그날그날의 양식을 구하기 위해서뿐 아니라, 깊은 갈망을 채우기 위해 나를 필요하게끔 계획했단다. 네 안에 조심스럽게 갈망과 불완전함이라는 감정을 불어넣고, 그로 인해 네가 나를 향할 수 있게 했지. 그러므로 이런 감정을 묻어 버리거나 부정하지 마라. 이런 감정을 사람이나 소유물, 힘으로 달래지 않도록 경계해라.

모든 필요를 가지고 나에게 오되, 방어하는 자세가 아니라 복 받고자 하는 갈망을 안고 와라. 내 임재 안에서 시간을 보내는 동안 깊은 갈망이 채워진단다. 필요가 있음을 기뻐해라. 그 필요로 인해 나와의 친밀함 속에 모든 것이 갖추어져 있음을 발견하게 된단다.

함께 읽어요

이는 그들로 마음에 위안을 받고 사랑 안에서 연합하여 확실한 이해의 모든 풍성함과 하나님의 비밀인 그리스도를 깨닫게 하려 함이니 그 안에는 지혜와 지식의 모든 보화가 감추어져 있느니라(골로새서 2:2-3).

더 읽어 보세요 빌립보서 4:19; 시편 84:11-12

자녀를 위한 지저스 콜링 91

도움이 필요함에 기뻐하렴

너의 필요와 나의 부요함은 완벽한 짝이란다. 마치 아름다운 그림을 만들기 위해 서로 맞춰지는 퍼즐 조각과 같지.

나는 결코 너에게 모든 일을 '혼자' 하라고 한 적이 없단다. 대신 매일의 양식을 구하기 위해서뿐 아니라, 깊은 공허감을 채우기 위해 나를 필요로 하도록 계획했지. 너를 내게로 인도하기 위해 그 공허감을 창조한 거란다. 그것도 내 계획이야. 그러니 네게 공허감 같은 게 없는 척할 필요가 없단다. 이런 감정을 사람과 물건, 힘으로 채우려 하지 마라.

모든 필요를 들고 내게로 오되, 나를 밀어내려는 마음을 내려놓고 내게 복을 구하렴. 나와 함께 시간을 보내는 동안 공허감은 내 사랑과 기쁨, 평안으로 채워진단다. 네가 도움이 필요한 사람이라는 사실에 기뻐하렴. 덕분에 너를 나로 채울 수 있게 되었으니 말이다.

함께 이야기해요

예수님이 매일 필요한가요? 지금까지 예수님이 여러분을 어떤 식으로 도와주셨나요? 오늘 그리고 앞으로 예수님이 어떤 식으로 도와주시길 원하는지도 이야기해 보세요.

부모를 위한 지저스 콜링 92

안전하고 위험이 없는 곳

내 임재 안에서 얼마나 안전하고 위험이 없는지 네가 알았으면 좋겠구나. 이는 정해진 사실이요, 너의 감정과는 아무런 상관이 없다. 너는 천국으로 향하는 길에 있으며, 그 무엇도 목적지로 향하는 너를 막을 수 없다. 그곳에서 너는 나와 얼굴을 마주 보게 될 것이며, 네 기쁨은 세상의 어떤 기준으로도 측량할 수 없이 클 거란다. 지금 이 순간에도 너는 나와 결코 떨어지지 않지만, 믿음의 눈으로 나를 봐야 한다. 나는 이 세상이 끝나는 날까지, 그리고 영원히 너와 함께 걷는단다.

내 임재가 보장된 약속이라고 해서 네 감정까지 좌지우지하지는 않는다. 내가 너와 함께한다는 사실을 잊어버릴 때면 너는 외롭고 두려울 것이다. 하지만 내 임재를 의식하면 부정적인 감정이 평안으로 바뀔 것이다. 늘 너와 함께하는 나를 의식하며 삶의 여정을 걸어라.

함께 읽어요

여호와께서 자기 백성에게 힘을 주심이여 여호와께서 자기 백성에게 평강의 복을 주시리로다(시편 29:11).

더 읽어 보세요 요한복음 10:28-29; 고린도전서 13:12

자녀를 위한 지저스 콜링 92

나와 함께 있으면 안전하단다

내 임재 안에서 너는 완전히 안전하고 위험이 없단다. 그런 기분이 들지 않을 때도 변하지 않는 사실이지. 내가 결코 너를 떠나지 않으니 너와 내가 떨어지는 일은 없단다.

내가 너와 함께한다는 사실을 잊어버릴 때면 너는 외롭고 두려울 거야. 그럴 때는 기도를 하거나, "예수님" 하고 내 이름을 부르렴. 이렇게 하면 내가 여전히 네 곁에 있다는 사실이 떠오를 거야. 나에게 초점을 맞추면 외롭고 두려운 마음이 평안으로 바뀔 거란다.

지금 내가 주는 평안도 매우 경이롭지만, 천국의 평안에 비하면 아무것도 아니란다. 천국에서도 여전히 나는 네 곁에 있을 것이며, 너도 나를 보게 될 거야. 우리는 서로 얼굴을 마주 보고 이야기를 나누게 되고, 네 기쁨은 상상하는 것보다 훨씬 클 거란다!

함께 이야기해요

예수님이 우리와 함께 계신다는 사실을 잊은 적이 있나요? 언제 그런 일이 일어나나요? 예수님이 언제나 함께하신다는 사실을 잊지 않으려면 무엇을 할 수 있을까요? 예수님과 얼굴을 마주 보는 것이 어떨지 상상해 볼 수 있나요?

부모를위한 지저스 콜링 93

네 마음의 평안

나의 영광 가운데 그 풍성한 대로 너의 모든 쓸 것을 채우리라 약속했다. 너의 가장 깊은 곳에서는 언제나 변함없이 내가 주는 평안을 갈망한단다. 그런데 그 평안이 깃든 마음의 정원에는 교만과 근심, 이기심, 불신과 같은 잡초가 불쑥불쑥 자라지. 나는 정원사다. 네 마음에서 이 잡초를 뽑는 게 바로 나란다.

나는 다양한 방법으로 내 일을 한다. 네가 나와 함께 잠잠히 앉으면 네 마음 가득 내 임재의 빛이 임하지. 그러면 이 천국의 빛 속에서 평안은 풍성히 자라고, 잡초는 시들어 버린단다. 나는 네 삶에 시련을 보내기도 한다. 고난 한가운데서도 나를 신뢰하면 평안이 번성하고 잡초는 말라 죽는다. 골치 아픈 상황에서도 내게 감사해라. 고난을 통해 네가 얻을 평안이 그 고통보다 훨씬 크단다.

함께 읽어요

우리가 잠시 받는 환난의 경한 것이 지극히 크고 영원한 영광의 중한 것을 우리에게 이루게 함이니(고린도후서 4:17).

더 읽어 보세요 빌립보서 4:19; 데살로니가후서 3:16

자녀를 위한 지저스 콜링 93

네 마음의 잡초를 뽑으렴

내가 너의 모든 필요를 채우리라 약속했단다. 어쩌면 너는 깨닫지 못할 수도 있겠지만, 네가 가장 원하는 것은 바로 내가 주는 평안이란다.

나는 네 마음에 평안의 씨앗을 심는 정원사야. 하지만 세상도 네 마음에 씨앗을 뿌리지. 그 씨앗들은 교만과 걱정, 이기심과 같은 잡초로 자라난다. 이 잡초를 빨리 뽑지 않으면, 그것이 네 마음의 모든 평안을 앗아갈 거야.

나는 여러 가지 방법으로 이 잡초를 뽑는단다. 가끔 네가 조용히 기도하며 앉아 있으면 나의 빛을 비추어 잡초를 말라 버리게 한다. 어떤 때는 문제를 사용해서 네가 나를 신뢰하도록 격려하기도 한다. 네가 나를 신뢰하면 잡초는 말라 죽지.

기쁠 때 감사하는 것처럼 힘겨울 때도 내게 감사해라. 나는 기쁨과 고난을 모두 사용해서 네 마음을 평안의 정원으로 만든단다.

함께 이야기해요

예수님이 마음의 정원사처럼 보이나요? 여러분의 마음에 교만과 걱정, 이기심, 불신과 같은 잡초가 있나요? 예수님의 빛이 그 잡초를 비추면 어떤 일이 일어날까요?

부모를 위한 지저스 콜링 94

감사하는 마음

너를 괴롭히는 바로 그 문제로 인해 나에게 감사해라. 너는 언제라도 반역할 수 있는 존재로 금방이라도 내 얼굴을 향해 주먹을 휘두를 수 있지. 내가 너를 다루는 방식에 대해 약간 불평하는 일 정도는 마음껏 해도 된다는 유혹을 받는다. 그러나 일단 그 선을 넘으면 분노와 자기 연민의 급류가 너를 휩쓸어 버린단다. 이 일에 대항하는 최선의 방법은 감사하는 것이다. 내게 감사하면서 동시에 나를 저주하는 일은 불가능하기 때문이다.

시련에 대해 감사하는 일은 처음에는 어색하고 인위적으로 느껴지지. 하지만 계속해서 감사하면 믿음으로 기도한 감사의 언어는 결국 네 마음에 차이를 가져온단다. 감사하는 마음이 너를 일깨워 모든 문제를 가리는 나의 임재를 의식하게 할 거다.

함께 읽어요

주 안에서 항상 기뻐하라 내가 다시 말하노니 기뻐하라 너희 관용을 모든 사람에게 알게 하라 주께서 가까우시니라 아무것도 염려하지 말고 다만 모든 일에 기도와 간구로, 너희 구할 것을 감사함으로 하나님께 아뢰라(빌립보서 4:4-6).

더 읽어 보세요 시편 116:17; 시편 100:2

자녀를 위한 지저스 콜링 94

너를 보호하는 최선의 방법

나는 항상 네 가까이에 있단다. 네가 때로 나에게 화를 내며, 심지어 내 얼굴을 향해 주먹을 휘두르고 싶어 할 때도 있음을 안다. 내가 너를 대하는 방식에 대해 불평하고 반항하고 싶은 유혹을 받는구나. 하지만 그건 위험한 일이야. 일단 그 선을 넘으면 분노와 자기 연민이라는 급류가 너를 휩쓸어 버린단다.

너를 보호하는 최선의 방법은 너를 괴롭히는 바로 그 문제로 인해 나에게 감사하는 거야. 너도 알겠지만 내게 감사하면서 동시에 나에게 불평하는 일은 불가능하기 때문이지. 나에게 화가 났을 때 감사하는 일은 처음에는 어색할 거야. 그래도 계속 노력하렴. 믿음으로 기도한 감사의 말은 결국 네 마음을 변화시키고, 나와 더 가까워지게 한단다.

함께 이야기해요

예수님께 화가 난 적이 있나요? 일이 마음대로 돌아가지 않을 때도 예수님께 감사하면 우리의 마음이 바뀐답니다. 어떻게 이런 일이 가능할까요? 기분과 상관없이 지금 당장 예수님께 감사 기도를 드려 보세요. 기도하면서 무엇인가를 요청하거나 불평하지 않고, 그저 감사를 드리세요.

부모를 위한 지저스 콜링 95

나에게만 의지해라

오늘 하루도 너를 도와주겠다. 네가 직면한 도전은 혼자 감당하기에는 너무 크단다. 마주한 일을 감당해 가면서 무력함을 느낄 수 있다. 그와 같은 순간에 고집부리며 혼자 버거워할지, 아니면 나를 의지하며 겸손한 발걸음으로 걸을지 선택의 기로에 서게 되지.

이런 선택의 순간이 계속해서 네 앞에 놓일 거란다. 힘든 일일수록 그 선택 과정이 더 어렵게 느껴지는 법이지. 그러니 네가 여러 가지 시험을 당하거든 온전히 기쁘게 여겨라. 시험은 오직 내게만 의지해야 함을 생각나게 하는 선물이란다.

함께 읽어요

주는 나의 도움이 되셨음이라 내가 주의 날개 그늘에서 즐겁게 부르리이다 나의 영혼이 주를 가까이 따르니 주의 오른손이 나를 붙드시거니와(시편 63:7-8).

더 읽어 보세요 시편 46:1; 야고보서 1:2-3

자녀를 위한 지저스 콜링 95

혼자 가지 마라

아주 단순한 사실을 하나 알려 줄게. 네가 맞닥뜨려야 할 일을 너 혼자서는 해낼 수 없단다. 더 중요한 사실은 그 일을 혼자 할 필요가 없다는 거야.

모든 일이 계획한 대로 되는 날이 있을 거야. 네가 모든 일을 통제하며 세상의 꼭대기에 사는 것 같은 기분이 들겠지. 하지만 쾅 하고 큰 문제가 다가오면서 네가 통제할 수 있다고 생각하던 일을 갑자기 낚아채 버릴 수도 있단다. 질병이나 사고 등 겪어 본 적 없는 일을 만나면, 결국 도움이 필요함을 알게 되지.

그럴 때는 나에게 도움을 구하렴. 나는 이미 답을 알고 있단다. 네가 답을 찾도록 안내해 줄게. 그런데 고집부리며 혼자 갈지, 아니면 겸손히 나에게 와서 도움을 구할지 네가 먼저 선택해야 한단다. 반드시 나를 선택했으면 좋겠구나.

함께 이야기해요

지금까지 두렵고, 슬프고, 외로웠던 적이 있나요? 그런데 그때 사랑하는 누군가가 손을 잡아 주어 갑자기 기분이 괜찮아진 적이 있나요? 예수님께 손을 내밀면 그분이 여러분의 문제와 슬픔, 분노와 외로움을 극복해 주실 거예요.

반석 위에 집을 지어라

나는 천국의 깊은 곳에서 너에게 말하고, 너는 존재의 깊은 곳에서 나를 듣는다. 이는 깊은 바다가 서로 부름과 같단다. 너는 내 음성을 직접 들을 수 있는 복을 받았다. 이 특권을 결코 당연시하지 마라.

최고의 반응은 마음을 넘치는 감사로 채우는 일이란다. 나는 네가 감사하는 마음가짐을 가지도록 훈련하고 있다. 이 일은 마치 반석 위에 집을 짓는 것과 같으니, 인생의 풍랑에 흔들리지 않게 하지. 나는 네 앞길을 한 번에 한 걸음씩 열 것이다.

함께 읽어요

그러므로 누구든지 나의 이 말을 듣고 행하는 자는 그 집을 반석 위에 지은 지혜로운 사람 같으리니 비가 내리고 창수가 나고 바람이 불어 그 집에 부딪치되 무너지지 아니하나니 이는 주추를 반석 위에 놓은 까닭이요(마태복음 7:24-25).

더 읽어 보세요 시편 42:7-8; 시편 95:1-2

자녀를 위한 지저스 콜링 96

반석과 모래

반석 위에 집을 지은 지혜로운 사람은 폭풍우를 안전하게 견딜 수 있단다. 그러나 모래 위에 집을 지은 어리석은 사람은 그 집이 철퍼덕 무너지고 말지.

때로 무엇이 반석이고, 무엇이 모래인지 알기 어려울 수 있어. 세상은 이렇게 말하기도 하고, 저렇게 말하기도 하니까 말이야. 선생님은 이렇게 말씀하시는데, 부모님은 다른 말씀을 하실 때도 있을 거야. 그렇다면 무엇이 반석이고, 무엇이 모래인지 어떻게 알 수 있을까?

내가 바로 반석이란다. 기도하며 나에게 오렴. 무엇이 진실인지, 무엇을 신뢰할 수 있는지 보여 주겠다. 성경 말씀을 공부하면서 성령님께 너를 인도해 달라고 기도하렴. 내 말씀과 어긋나는 일은 모래니 절대 신뢰하지 마라. 내 말씀의 반석 위에 네 집을 짓고, 폭풍이 와도 내가 너를 굳게 서도록 도울 거라 믿으렴. 나는 반드시 그렇게 한단다.

함께 이야기해요

마태복음 7장에서 예수님은 반석과 모래 위에 집을 짓는 이야기를 해 주세요. 이 비유에서 모래는 무엇일까요? 반석은 무엇일까요? 어떻게 하면 예수님이라는 반석 위에 우리 인생을 지을 수 있을까요?

부모를 위한 지저스 콜링 97

쉼이 필요한 존재

평안의 푸른 초장에 누워라. 오늘날은 많은 내 자녀가 너무 오랫동안 '온라인에 연결되어' 있어서 삶의 순간순간 나를 찾는 일을 소홀히 하는구나. 너를 창조할 때 쉼이 필요한 존재로 만들었단다. 사람들이 이 기본적인 필요를 채울 때 죄책감을 느낄 정도로 세상은 왜곡되어 있구나. 끊임없이 일하면서 삶에서 내 인도함의 방향을 구하지 않기 때문에 얼마나 많은 시간과 에너지를 낭비하는지 모른다.

나와 함께 평안의 길을 걷자고 너를 불렀다. 네가 내 평안의 임재 속에 살기 원하는 사람들을 위해 새로운 길을 열었으면 좋겠구나. 나는 너의 강함보다는 약함을 더 많이 선택하여, 네가 나를 더 필요로 하도록 했다. 나를 더욱더 의지하렴. 네가 걷는 모든 길 위에 평안을 소나기처럼 내려 주겠다.

함께 읽어요

하나님이 그가 하시던 일을 일곱째 날에 마치시니 그가 하시던 모든 일을 그치고 일곱째 날에 안식하시니라 하나님이 그 일곱째 날을 복되게 하사 거룩하게 하셨으니 이는 하나님이 그 창조하시며 만드시던 모든 일을 마치시고 그날에 안식하셨음이니라(창세기 2:2-3).

더 읽어 보세요 시편 23:1-3; 누가복음 1:79

자녀를 위한 지저스 콜링 97

온라인 연결

텔레비전, 스마트폰, 인터넷 등 '온라인에 연결되어' 대부분의 시간을 보내는구나. 네가 만일 기계라면, 계속 온라인에 연결되어 있어도 괜찮을 거야. 하지만 사람이기에 온라인에 계속 연결되어 있으면 지쳐서 힘이 다 빠지게 된단다. 그리고 매 순간 나를 찾는 일이 더 어려워질 거야.

나는 너를 창조할 때 쉼이 필요한 존재로 만들었단다. 심지어 모든 일을 다 마친 후에 휴식을 취하면서 쉼에 대한 예시를 보여 주기까지 했지. 그런데 세상이 너무나 뒤틀려서 시간을 내어 쉬는 일에 죄책감을 느끼는구나. 이것은 사탄의 속임수란다. 너무 오랫동안 온라인에 연결되어 있어, 잠시 멈추어 나를 바라보지 못할 정도로 바쁘다면 사탄이 이기는 거야.

사탄을 향해 저리 가라고 외치렴. 그리고 자리에 누워서 눈을 감고 "예수님, 쉴 수 있도록 도와주세요." 하고 속삭여라. 네가 내 안에서 쉬는 동안 평안이라는 담요를 덮어 주고, 너를 계속 지켜보겠다.

함께 이야기해요

하루에 온라인에 연결되어 있는 시간이 얼마나 되나요? 쉬는 시간이 필요하다고 생각해 본 적은 없나요? 온라인 연결을 끊고 예수님 안에서 쉬는 시간을 가지려면 어떻게 해야 할까요?

내 사랑 안에서 살아라

내 사랑 안에 살기를 구해라. 이 사랑이 허다한 죄를, 너와 다른 사람의 죄를 덮기 때문이다. 내 사랑을 빛으로 만들어진 외투처럼 입어 머리에서 발끝까지 덮어라. 두려워하지 마라. 온전한 사랑은 두려움을 내쫓는다. 다른 사람을 사랑으로 대하는 것은, 내 시각으로 그들을 보는 일과 같단다. 그런 네 모습이 나는 참 기쁘구나.

내 몸 된 믿음의 지체가 내 임재의 빛으로 찬란하게 빛났으면 좋겠구나. 어둠 때문에 내 사랑의 빛이 희미해지는 것이 나는 슬프단다. 너의 첫사랑인 내게로 돌아오렴. 거룩하고 찬란한 빛 속에서 나를 바라봐라. 그러면 내 사랑이 다시 한번 너를 빛으로 감쌀 거란다.

함께 읽어요

무엇보다도 뜨겁게 서로 사랑할지니 사랑은 허다한 죄를 덮느니라 (베드로전서 4:8).

더 읽어 보세요 요한일서 4:18; 요한계시록 2:4

자녀를 위한 지저스 콜링 98

모든 사람을 돌보는 사랑

사랑은 내 왕국의 문을 여는 열쇠란다. 네가 온 마음과 생각, 몸과 영혼으로 나를 사랑했으면 좋겠구나. 그러면 너를 향한 내 사랑을 받고, 그 사랑으로 모든 것이 변화될 거야.

내 사랑이 수많은 죄를, 너와 다른 사람의 죄를 덮는단다. 이것은 네 죄를 나에게 고백하면 모두 용서받는다는 뜻이야. 너 또한 내 사랑의 눈으로 다른 사람을 보게 되어 그들을 용서할 수 있다는 뜻이기도 하지. 예를 들어, 너를 괴롭히는 친구가 미움 가득한 말을 하면, 그 친구가 자기 자신을 싫어한다는 걸 알게 될 거야. 어떤 사람이 네게 거짓말을 하면, 단순히 그 거짓말만 보는 게 아니라 그 사람이 진실을 말하기 두려워한다는 걸 알게 될 거란다.

내 사랑의 눈으로 다른 사람들을 바라보렴. 그러면 내 사랑이 그 모든 사람을 돌본단다.

함께 이야기해요

사랑이 어떻게 수많은 죄를 덮을 수 있을까요? 다른 사람들을 예수님의 사랑의 눈으로 바라본다면, 그들을 보는 태도가 바뀔 수 있을까요? 그러면 나에게 상처를 준 사람들도 용서할 수 있게 될까요?

부모를 위한 지저스 콜링 99

나에게 초점을 맞춰라

오늘 하루를 보내는 동안 나에게 초점을 맞춰라. 발레리나가 회전할 때 몸의 균형을 유지하기 위해 미리 정한 한곳에 시선을 고정해야 하듯이, 너도 내게 맞춘 초점에서 흔들리지 마라.

환경은 변하고 세상은 네 주위를 빙빙 돌며 혼란스럽기만 하지. 균형을 잃지 않는 유일한 방법은 항상 한결같은 나를 바라보는 거란다. 네가 처한 환경에 너무 오래 시선이 머물면 어지럽고 혼란스럽단다. 나를 바라보며 내 임재 속에서 새롭게 됨을 받으면 너의 걸음은 한결같고 안정될 거란다.

함께 읽어요

믿음의 주요 또 온전하게 하시는 이인 예수를 바라보자 그는 그 앞에 있는 기쁨을 위하여 십자가를 참으사 부끄러움을 개의치 아니하시더니 하나님 보좌 우편에 앉으셨느니라(히브리서 12:2).

더 읽어 보세요 시편 102:27; 요한일서 3:19-20

자녀를 위한 지저스 콜링 99

올바른 방향

자전거 타는 법을 배우다 보면 반드시 목적지에 시선을 고정해야 한다는 것을 알게 된단다. 만일 다른 방향으로 눈을 돌린다면, 전봇대나 나무에 부딪힐 수도 있지. 자전거는 네 시선이 향하는 곳으로 나아갈 거야.

생각도 이처럼 초점을 맞추어야 한단다. 네 생각의 초점을 내 뜻에 맞추렴. 사람들과 환경은 항상 변한단다. 세상은 마치 자동차 창밖으로 획획 지나가는 풍경처럼 빙빙 돌지. 너무 오랫동안 세상에 집중하면 어지럽고 혼란스러울 거야. 그러니 결코 변하지 않는 나를 계속 생각하렴. 내가 너를 올바른 방향으로 인도할 거란다.

함께 이야기해요

세상이 생각의 초점이 되도록 내버려 두면 어떤 일이 일어날까요? 혼란스러울까요? 예수님께 생각을 집중하려면 어떻게 해야 할까요? 세상이 아닌 예수님께 초점을 맞추기로 하면 삶이 어떻게 변할까요?

부모를 위한 지저스 콜링 100

내 빛을 드러내라

나는 세상의 빛이다. 인간은 어둠을 저주하며 힘겹게 인생을 살아가지만, 사실 나는 내내 밝게 빛난단다. 나를 따르는 한 사람 한 사람이 빛을 품고 살았으면 좋겠구나. 네 안에 사는 성령은 너의 얼굴을 빛나게 함으로써 주변 사람들에게 나를 드러낼 수 있지.

오늘 하루를 살아가는 동안 내 영이 너를 통해 살도록 간구해라. 기쁘게 나를 신뢰하며 내 손을 잡아라. 나는 결코 네 곁을 떠나지 않기 때문이다. 내 임재의 빛이 너를 비춘다. 내가 누구인지를 세상에 나타내어 이 땅을 밝혀라.

함께 읽어요

너희는 세상의 빛이라 산 위에 있는 동네가 숨겨지지 못할 것이요 사람이 등불을 켜서 말 아래에 두지 아니하고 등경 위에 두나니 이러므로 집 안 모든 사람에게 비치느니라 이같이 너희 빛이 사람 앞에 비치게 하여 그들로 너희 착한 행실을 보고 하늘에 계신 너희 아버지께 영광을 돌리게 하라 (마태복음 5:14-16).

더 읽어 보세요 요한복음 8:12; 고린도후서 3:18; 출애굽기 3:14

자녀를 위한 지저스 콜링 100

빛이 되렴

이 세상은 어둠으로 가득하단다. 하지만 나는 세상의 빛이야. 나를 따르기로 선택하면, 네 안에 사시는 성령님이 너의 얼굴을 빛나게 하실 수 있단다. 내 빛을 받아서 주변 세상에 그것을 드러내렴.

내 손이 되어서 다른 사람들을 도와주고, 나의 사랑으로 그들을 품어 주어라. 오늘 하루를 살아가는 동안 내 영이 너를 통해 살도록 기도해라. 내가 결코 네 곁을 떠나지 않는다는 것을 신뢰하며 기쁘게 내 손을 잡으렴. 내 임재의 빛이 너를 비춘단다. 이 빛을 반사해서 세상을 밝게 빛나게 함으로써 다른 사람들에게 나를 드러내렴.

> **함께 이야기해요**
>
> 예수님은 어떤 방법으로 세상과 우리 인생의 빛이 되어 주실까요? 예수님은 우리 얼굴에서, 그리고 우리 마음속에서 어떻게 빛나실까요? 어떤 방법으로 예수님의 빛을 드러내고, 그 빛을 세상과 나눌 수 있을까요?

사명선언문

너희가 흠이 없고 순전하여……세상에서 그들 가운데 빛들로
나타내며 생명의 말씀을 밝혀 _ 빌 2:15-16

1. 생명을 담겠습니다
만드는 책에 주님 주신 생명을 담겠습니다.
그 책으로 복음을 선포하겠습니다.

2. 말씀을 밝히겠습니다
생명의 근본은 말씀입니다.
말씀을 밝혀 성도와 교회의 성장을 돕겠습니다.

3. 빛이 되겠습니다
시대와 영혼의 어두움을 밝혀 주님 앞으로 이끄는
빛이 되는 책을 만들겠습니다.

4. 순전히 행하겠습니다
책을 만들고 전하는 일과 경영하는 일에 부끄러움이 없는
정직함으로 행하겠습니다.

5. 끝까지 전파하겠습니다
모든 사람에게, 땅 끝까지, 주님 오시는 그날까지
복음을 전하는 사명을 다하겠습니다.

서점 안내

광화문점 서울시 종로구 새문안로 69 구세군회관 1층
02)737-2288 / 02)737-4623(F)

강남점 서울시 서초구 신반포로 177 반포쇼핑타운 3동 2층
02)595-1211 / 02)595-3549(F)

구로점 서울시 동작구 시흥대로 602, 3층 302호
02)858-8744 / 02)838-0653(F)

노원점 서울시 노원구 동일로 1366 삼봉빌딩 지하 1층
02)938-7979 / 02)3391-6169(F)

분당점 경기도 성남시 분당구 황새울로 315 대현빌딩 3층
031)707-5566 / 031)707-4999(F)

일산점 경기도 고양시 일산서구 중앙로 1391 레이크타운 지하 1층
031)916-8787 / 031)916-8788(F)

의정부점 경기도 의정부시 청사로47번길 12 성산타워 3층
031)845-0600 / 031)852-6930(F)

인터넷서점 www.lifebook.co.kr